知らないと恥をかく世界の大問題10

転機を迎える世界と日本

池上 彰

角川新書

目次

新元号を予測できなかったＡＩ／あえてＡＩの弱点を考える／データだけで判断することの危うさ／犯罪予測システムの〝罪〟／ＡＩで中国が圧倒的に有利なワケ／日本を悩ます「リープフロッグ現象」／殺人ＡＩ兵器が戦場を変える？／ＡＩに勝つには〝逆転の発想〟／「ＬＧＢＴには生産性がない」発言で炎上／戦国時代の衆道／増える、環境難民／グローバル化、技術進歩は人を幸せにするのか？

第6章　憲政史上最長政権へ。安倍政権は日本をどこへ？　219

デフレ脱却には「働き方改革」？／安倍政権が日本を売り飛ばす？／日本の水道水が飲めなくなるかも／政府が外国人受け入れ政策を「大転換」／２０１９年４月から「単純労働にも門戸」／２つの大学に共通する思惑／進む教育格差／20～30年後のノーベル賞受賞者は中国人だらけ？／厚生労働省の統計問題の真相／中国の統計をバカにできない日本／ついに消費税率10％へ／新紙幣発行の裏に財務省vs.経産省の暗闘

編集協力／八村晃代　カバー・帯・図版デザイン／國分　陽
イラスト／斉藤重之　カバー・帯写真／村越将浩

プロローグ　「転機」を迎える世界と日本

新冷戦に突入か!?　転機を迎える世界

混迷の度合いを深める世界。
大国間での「自国ファースト」のぶつかり合いをはじめ、
テロや紛争、他民族を排斥する動き、環境問題、貧困問題と課題は山積みだ。
この「転機」の時代に世界はどこへ向かおうとしているのか？

朝鮮半島

- レーダー照射事件、慰安婦問題や徴用工問題などでぎくしゃくする日韓関係。
- 韓国からアメリカ軍を撤退させる!?「新アチソンライン」＝戦略転換もありうる？
- 2018年6月（シンガポール）、2019年2月（ベトナム）で米朝首脳会談。しかし、不調に終わる。
- 2019年4月、北朝鮮・金正恩委員長とロシア・プーチン大統領が初の首脳会談。ロシアにとって北朝鮮は「緩衝地帯」。北朝鮮は、アメリカ、ロシア、中国を天秤にかけるような外交を展開。

日本

- 2019年5月1日から新元号「令和」に。「令和フィーバー」に沸く。
- 憲政史上最長政権に向かう安倍政権。
しかし、厚生労働省の統計不正問題など不祥事も続く。
- 12年に1度の選挙イヤーでどうなる？　衆参ダブル選挙の噂も。
- 働き方改革、改正水道法の成立、改正入管法など、日本人の暮らしに大きな影響を与える変化が続く。
- 2019年10月から消費税率が10％へ。併せて軽減税率も導入予定。

中東

- トランプ大統領が、イスラエルのアメリカ大使館をエルサレムに移転、ゴラン高原の所属をイスラエルと宣言。中東のパワーバランスを大きく崩す。そこにロシアが入り込む。
- イラン核合意からアメリカが離脱。イランの核開発再開の可能性も。
- スンニ派の大国サウジアラビアが石油依存からの脱却をはかり、急速な改革を実施。
- サウジアラビアとイスラエルが対イランで急接近。
- 中東情勢で存在感を増すトルコ。ロシアとも反米で手を結ぶ？
- 自称「イスラム国」＝ISはシリア、イラクの支配地域から追い出され、物理的にはほぼ消滅。しかし、思想は世界各地にどんどん拡散。2019年4月のスリランカでのテロに影響を与えた。

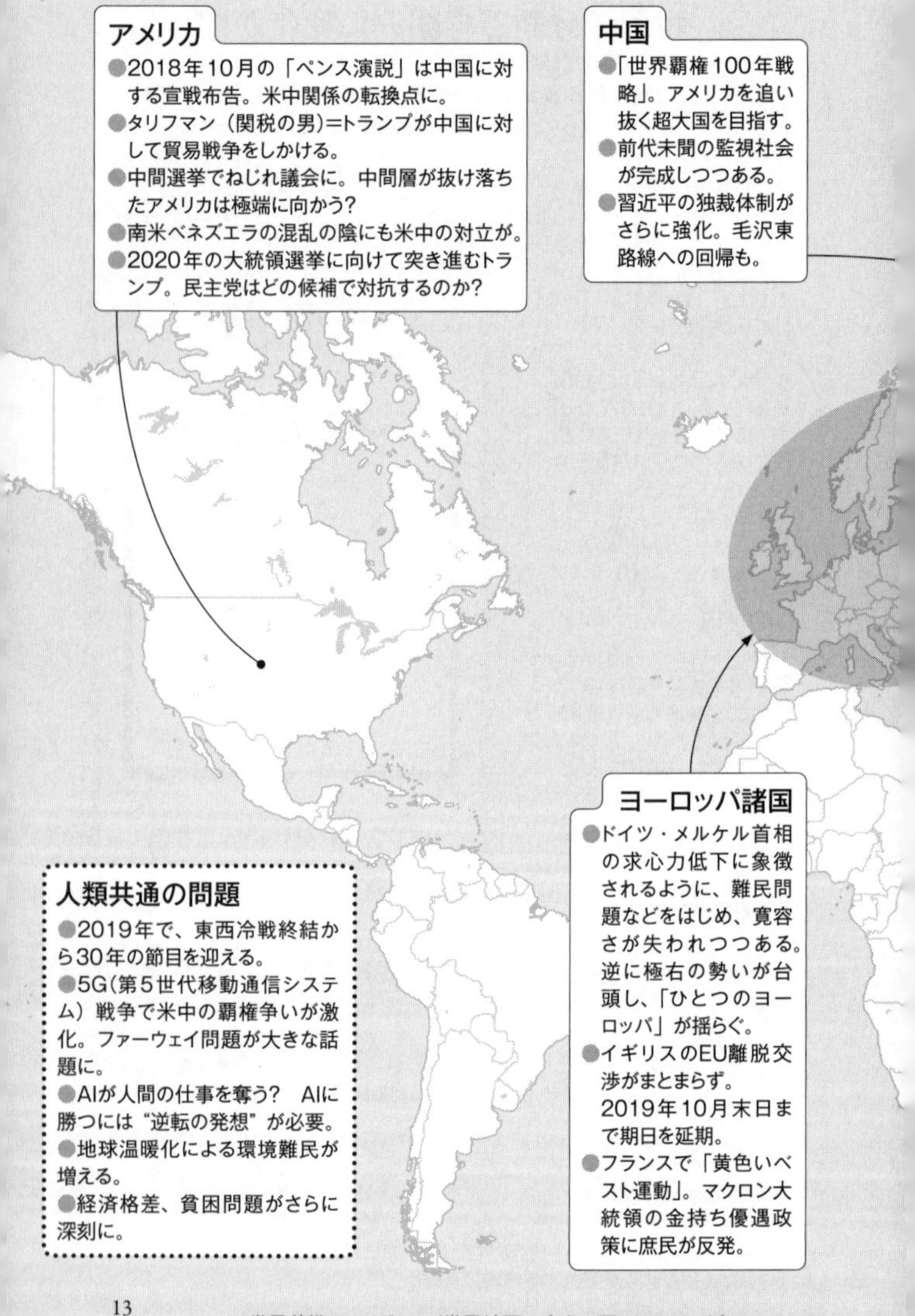
アメリカ
●2018年10月の「ペンス演説」は中国に対する宣戦布告。米中関係の転換点に。
●タリフマン（関税の男）=トランプが中国に対して貿易戦争をしかける。
●中間選挙でねじれ議会に。中間層が抜け落ちたアメリカは極端に向かう?
●南米ベネズエラの混乱の陰にも米中の対立が。
●2020年の大統領選挙に向けて突き進むトランプ。民主党はどの候補で対抗するのか?
中国
●「世界覇権100年戦略」。アメリカを追い抜く超大国を目指す。
●前代未聞の監視社会が完成しつつある。
●習近平の独裁体制がさらに強化。毛沢東路線への回帰も。
ヨーロッパ諸国
●ドイツ・メルケル首相の求心力低下に象徴されるように、難民問題などをはじめ、寛容さが失われつつある。逆に極右の勢いが台頭し、「ひとつのヨーロッパ」が揺らぐ。
●イギリスのEU離脱交渉がまとまらず。2019年10月末日まで期日を延期。
●フランスで「黄色いベスト運動」。マクロン大統領の金持ち優遇政策に庶民が反発。
人類共通の問題
●2019年で、東西冷戦終結から30年の節目を迎える。
●5G(第5世代移動通信システム）戦争で米中の覇権争いが激化。ファーウェイ問題が大きな話題に。
●AIが人間の仕事を奪う? AIに勝つには“逆転の発想”が必要。
●地球温暖化による環境難民が増える。
●経済格差、貧困問題がさらに深刻に。

※世界基準ではイギリスが世界地図の中心で語られることが多い。
この地図をもとに考えると、アメリカは西、ロシアは東。日本は極東となる。

世界の分断で枠組みに変化が!?

先進国だけでは世界の問題は解決しない。
そこで、つくられた21世紀の世界の大きな枠組みだったが、
自国ファーストの流れでその枠組みにも影響が……。

G8だけでは世界の問題を解決することができないと考えた結果、世界の意思をまとめる新しい集まりができた。2019年は6月に日本・大阪で開催。

かつてのサミット（主要国首脳会議）はこの7カ国で開かれていた。1990年代に入り、ロシアが加わり、G8となったが、ウクライナ・クリミア問題で、2014年のサミットではG8からロシアを除外。2019年はフランスのビアリッツでサミットを開催。

勢いのある新興国の国名の頭文字を取って、BRICsと呼ばれていた。南アフリカを加えて、BRICSとも。

MEF

Major Economies Forum

主要経済国フォーラム

エネルギーや気候変動について、世界の主要国で話し合う。「地球温暖化問題」については、1992年の地球サミットで採択された「気候変動枠組条約」の締約国が集まって、COP（Conference of the Parties、締約国会議）を毎年開催。COP21では、パリ協定が採択された。

国際社会の調整役・国際連合の役割

グローバル化が進むにつれて、
国同士の問題、世界全体に関わる問題などが増えてきている。
その調整を行うのが国際連合＝国連なのだが……。

国際連合

以下の6つの主要機関と、関連機関、専門機関からなる国際組織。

経済社会理事会

経済・社会・文化・教育・保健の分野での活動を担当。

信託統治理事会

独立していない信託統治地域の自治・独立に向けた手助けを担当（1994年のパラオの独立後、その作業を停止している）。

国際司法裁判所

国際的な争い事の調停を担当。

総会

2019年5月時点、加盟国は193カ国。この加盟国すべてが参加する会議。各国が1票の表決権を持つ。年に1度、9月に総会が開かれる。

事務局

事務局長が、国連事務総長。現在はポルトガル出身のアントニオ・グテーレス。

安全保障理事会（安保理）

国際平和と安全に主要な責任を持つ。15カ国で構成される。

常任理事国

アメリカ

ロシア

（1991年12月からロシア。それまではソビエト連邦）

イギリス

フランス

中国

（1971年10月から中華人民共和国。それまでの代表権は中華民国）

非常任理事国

10カ国。総会で2年の任期で選ばれる。

2016年1月から日本が非常任理事国に（2017年12月31日で任期終了）。国連加盟国最多の11回目の選出。

※世界貿易機関（WTO）、国際原子力機関（IAEA）などの関連機関や、国際労働機関（ILO）、国際連合教育科学文化機関（UNESCO）、世界保健機関（WHO）、国際復興開発銀行（世界銀行）、国際通貨基金（IMF）などの専門機関がある。

太平洋を取り囲む国々の貿易をめぐる主導権争い

太平洋を取り囲む（環太平洋）国々が、国境を超えて、モノ、お金、
人が自由に行き来できる枠組みをつくろうと、
アメリカが中心となって進められたTPPから、アメリカが離脱！
トランプ政権は2国間のFTAを日本に要求する方向。
日本はどうする？

APEC
（アジア太平洋経済協力会議）
ロシア
香港　台湾
パプアニューギニア

アメリカ、ロシア、中国といった大国をはじめ、アジア太平洋の21カ国・地域が参加する経済協力の枠組み。2018年は米中衝突で首脳宣言を断念。

RCEP
（東アジア地域包括的経済連携）
（ASEAN+6）

東南アジア10カ国と日本、中国、韓国、インド、オーストラリア、ニュージーランド（+6）で、経済協力や経済危機への対応などでの連携を目指す。注目の枠組み。

日中韓FTA
中国　韓国

インド

2015年末に、ASEAN経済共同体（AEC）が発足。ASEAN版TPPのようなイメージ。

ASEAN
（東南アジア諸国連合）
インドネシア　タイ
フィリピン

カンボジア
ミャンマー
ラオス

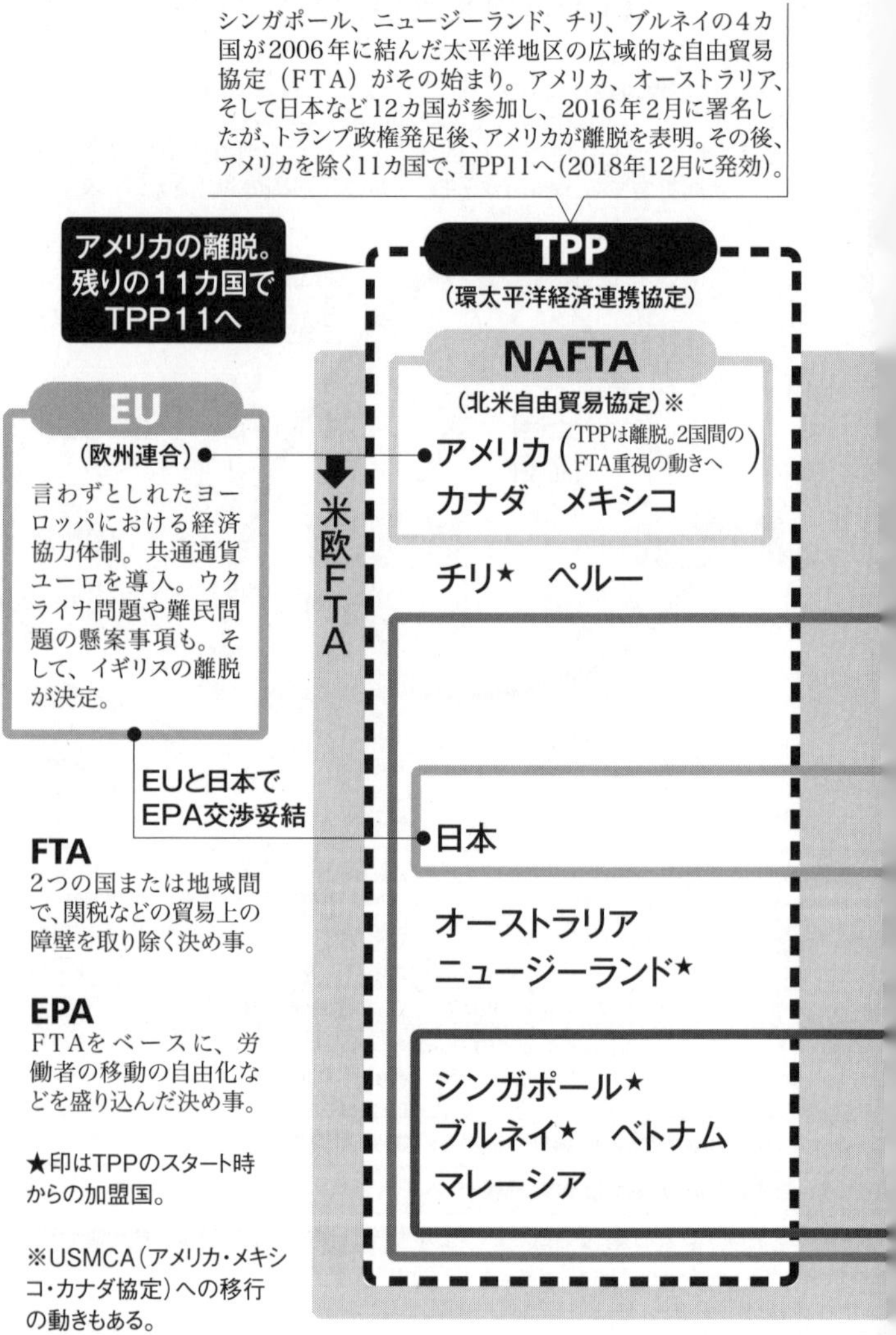
シンガポール、ニュージーランド、チリ、ブルネイの4カ国が2006年に結んだ太平洋地区の広域的な自由貿易協定（FTA）がその始まり。アメリカ、オーストラリア、そして日本など12カ国が参加し、2016年2月に署名したが、トランプ政権発足後、アメリカが離脱を表明。その後、アメリカを除く11カ国で、TPP11へ（2018年12月に発効）。
アメリカの離脱。残りの11カ国でTPP11へ
TPP
（環太平洋経済連携協定）
NAFTA
（北米自由貿易協定）※
アメリカ（TPPは離脱。2国間のFTA重視の動きへ）
カナダ　メキシコ
チリ★　ペルー
日本
オーストラリア
ニュージーランド★
シンガポール★
ブルネイ★　ベトナム
マレーシア
EU
（欧州連合）
言わずとしれたヨーロッパにおける経済協力体制。共通通貨ユーロを導入。ウクライナ問題や難民問題の懸案事項も。そして、イギリスの離脱が決定。
米欧FTA
EUと日本でEPA交渉妥結
FTA
2つの国または地域間で、関税などの貿易上の障壁を取り除く決め事。
EPA
FTAをベースに、労働者の移動の自由化などを盛り込んだ決め事。
★印はTPPのスタート時からの加盟国。
※USMCA（アメリカ・メキシコ・カナダ協定）への移行の動きもある。

第1次世界大戦前の対立の構図

初めての世界規模の戦争で、現在の中東問題などの
種を蒔いたという負の遺産を残した第1次世界大戦。
バルカン半島をめぐる問題がくすぶるなか、
サラエボでのオーストリア帝位継承者の暗殺が開戦のきっかけとなった。
新興勢力であったドイツとそれまでの列強国の対立ともいえる。

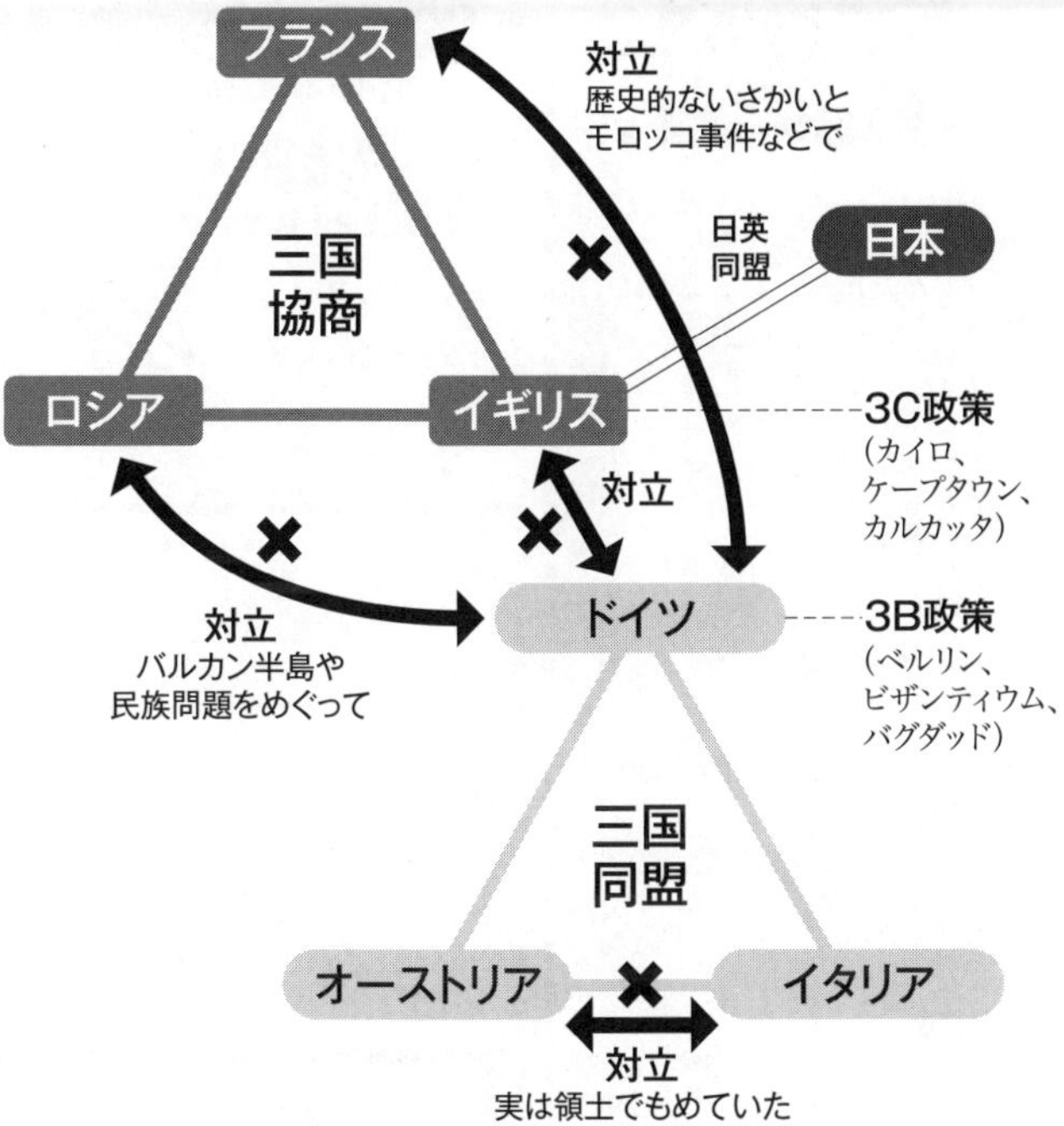

1914年	サラエボ事件 ▶第1次世界大戦へ
1918年	第1次世界大戦終結
1919年	パリ講和会議 ▶ヴェルサイユ条約締結(戦後体制の確立)
1920年	国際連盟の成立

第2次世界大戦前の対立の構図

世界恐慌とファシズム(全体主義)が台頭するなか、
ナチス・ヒトラーのドイツ、ムッソリーニのイタリア、そして日本の
三国軍事同盟を中心とする枢軸国側と、アメリカ、イギリス、フランス、オランダ、
中国、ソ連などの連合国側の間で起こった2度目の世界規模の戦争。
人類史上最多といえる民間人の犠牲を出した。

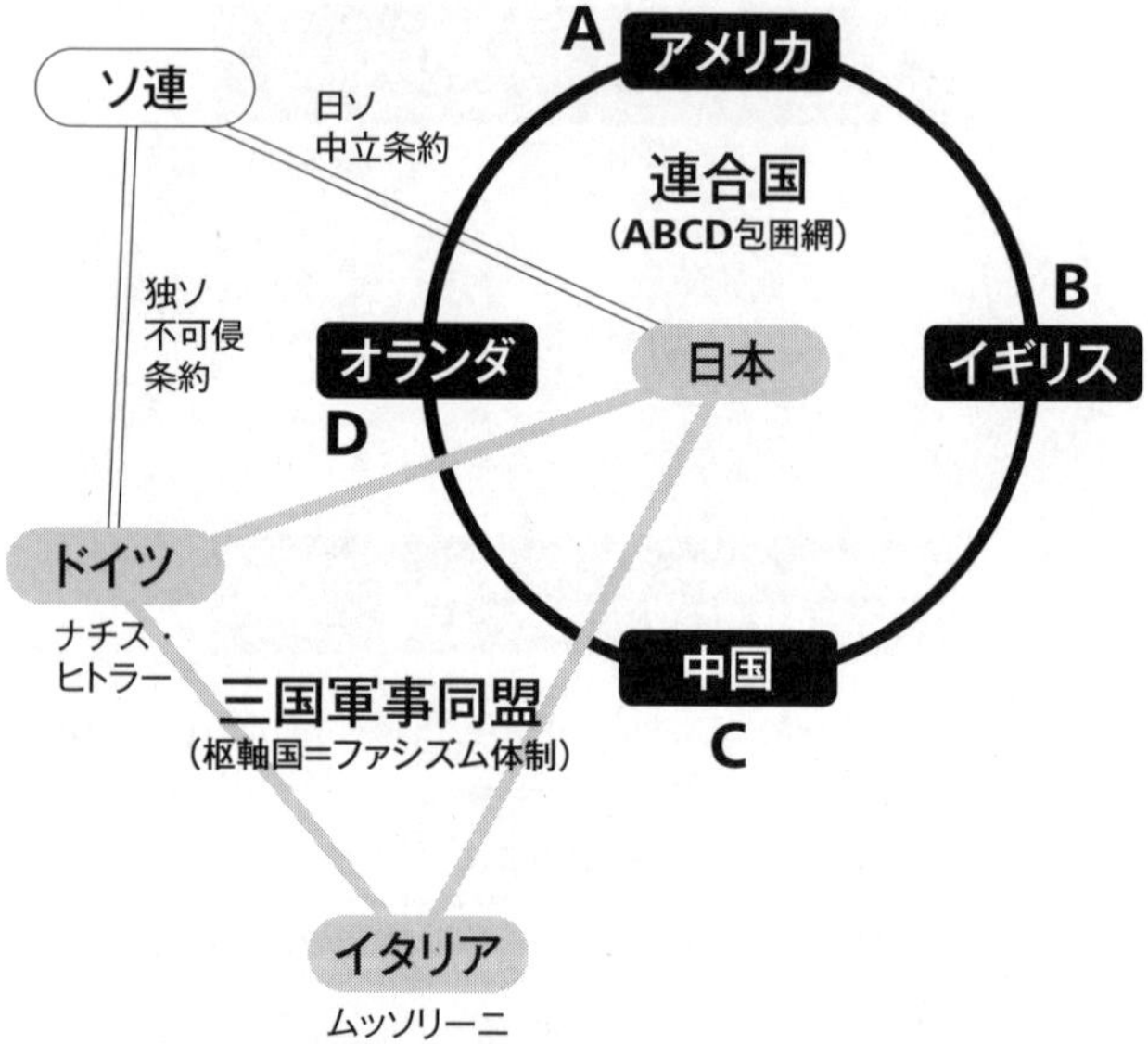

1939年	ドイツのポーランド侵攻　▶第2次世界大戦へ
1941年	日本の真珠湾攻撃　▶日米の戦争へ
1945年	アメリカ、イギリス、ソ連によるヤルタ会談(戦後体制を話し合う)
	原爆、日本(広島、長崎)へ投下
	日本、ポツダム宣言受諾　▶第2次世界大戦終結
	国際連合の成立
1951年	サンフランシスコ講和条約締結(戦後体制の確立)

世界の3大宗教とは?

世界には多くの宗教があり、人々の暮らしに密接に結びついている。
宗教は人間としての生き方や精神活動、
さらには経済活動などにも大きな影響を及ぼしている。
世界レベルで広がった宗教のうち、
とくに、キリスト教、イスラム教、仏教を世界3大宗教と呼ぶ。

キリスト教

開祖:イエス・キリスト
成立:紀元後1世紀ごろ

3大教派

- プロテスタント
- 正教会（東方正教とも。ギリシャ正教、ロシア正教などがある）
- カトリック（最大教派）

簡単に言うと「イエスの教えを信じる宗教」。ユダヤ教の改革運動を行っていたイエスのことを、救世主＝キリストと考え信じる宗教。

イスラム教

創唱者:ムハンマド
成立:紀元後7世紀の初めごろ

スンニ派　約85%

イスラム教の教えを守っていけばいい、スンニ(スンナ)＝慣習を重視。サウジアラビアなど。

シーア派　約15%

アリー（預言者ムハンマドのいとこ）の党派（シーア）。血統を重視。イランなど。

神に選ばれた最後の預言者であるムハンマドが、神から下された言葉を人々に伝えたことが始まりとされる。

仏教

開祖:ゴータマ・シッダールタ
成立:紀元前5世紀ごろ

- チベット仏教
- 上座部仏教　※上座部とは「長老の僧、徳の高い僧」の意。
- 大乗仏教　※大乗とは「大きな乗り物」の意。

仏の教え。仏とはブッダ＝真理に目覚めた人（ゴータマ・シッダールタ）のこと。物事の真理を知ることを「悟りを開く」という。

この3つの宗教が信じる神は同じ

ユダヤ教、キリスト教、イスラム教の3つを並べて解説することが多い。実は、この3つの宗教は、同じ唯一神を信じる。ちなみに、ユダヤ教は、紀元前13～前12世紀に成立した宗教。ユダヤ教を信仰する人はユダヤ人と呼ばれる。

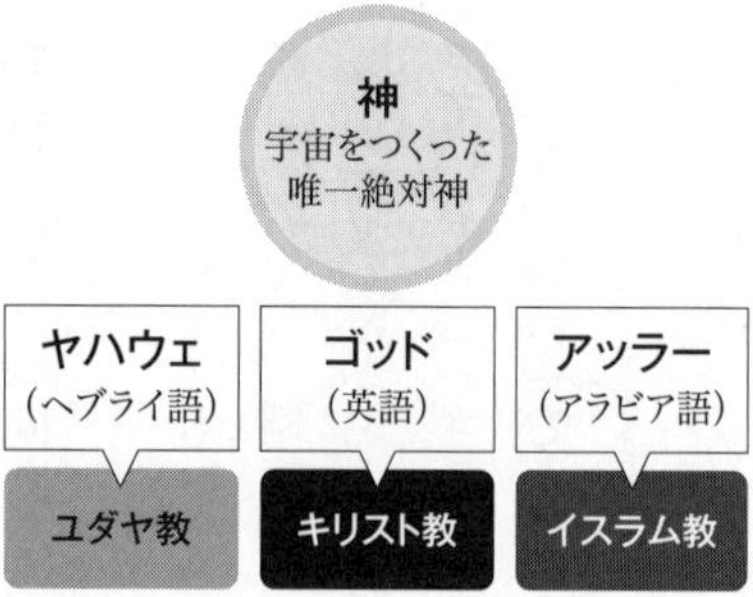

※エジプトのキリスト教系のコプト教では、神をアッラーと呼ぶ。

エルサレムの旧市街には3つの宗教の聖地がある

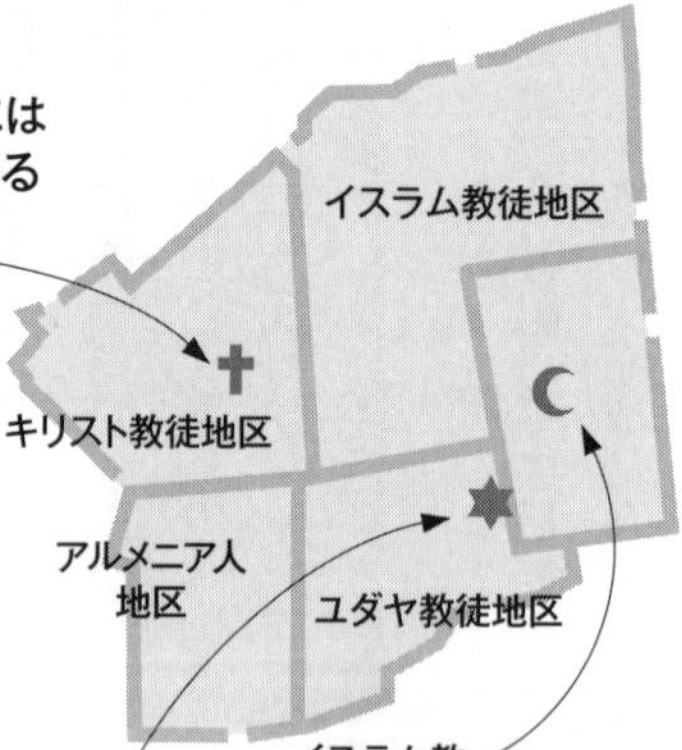

キリスト教
聖墳墓教会

イエスが十字架にかけられたゴルゴタの丘があったとされる場所に建てられている。

イスラム教
岩のドーム

メッカにいたムハンマドが天馬に乗ってエルサレムに行き、そこから天に昇ったとされる「聖なる岩」を丸い屋根で覆い、この建物に。

ユダヤ教
嘆きの壁

紀元後70年にローマ帝国によって神殿が破壊された。その神殿の西側の壁だけが残った。夜露にぬれると涙を流しているように見えるところから名づけられたとも。

■世界はどこへ向かおうとしているのか

このシリーズもいよいよ10冊目となりました。この約10年間を振り返ると世界情勢は激しく変化し、環境問題、貧困問題、テロや紛争、他民族を排斥する動きなど、混迷の度を深めています。**先の見えない不確実性が増し、残念ながら平和とは逆の方向へ向かっている**と言わざるをえません。

いまの世界をひと言で表すなら「転機」でしょうか。

日本では、「平成」というひとつの時代が終わりました。**新元号「令和《れいわ》」が発表**された2019年4月1日、日本列島は「新元号フィーバー」といっていいくらいの賑《にぎ》わいでした。老若男女、多くの日本人がこんなに注目する話題は、ちょっと他にはないのではないでしょうか。

2019年1月2日、テレビ東京の番組で平成最後となった一般参賀を取材しました。朝早く全国から皇居に集まった人の数は、平成最多の15万4800人だったそうです。平成の天皇皇后両陛下が、いかに国民から愛されているかを痛感しました。2018年

12月23日、85歳の誕生日を迎えられた天皇陛下は、それに先立つ12月20日に行われた記者会見で「**平成が戦争のない時代として終わろうとしていることに、心から安堵《あんど》しています**」と心情を吐露されましたが、新たにスタートした「令和」の時代はどうなるのか。

令和という元号は日本の古典『万葉集』が典拠です。「初春の令月にして、気淑（よ）く風和らぎ、梅は鏡前の粉を披（ひら）き、蘭は珮（はい）後の香を薫らす」という文章がもとです。

これまで中国の書物に拠《よ》っていた元号の歴史の中で、今回は初の「脱漢籍」となりました。

ただし、中国の古典の『文選《もんぜん》』の中に似たような表現があることから、これを踏まえた表現ではないかという指摘もあります。

ところで、イギリスの公共放送BBCはネットで、「令和」を「order and harmony」と速報しました。「令」を命令の令と誤解したのですね。ここは、「beautiful harmony」と訳すべきでした。

目上の人の妻のことを「ご令室」、娘を「ご令嬢」というように、「令」には麗しい、

美しいといった意味があります。

安倍《あべ》晋三《しんぞう》首相によれば、デフレの苦しい時代から、素晴らしい時代になるようにとの願いが込められているとか。安倍首相が言うように、日本人一人ひとりが大きな花を咲かせられるような時代になるのか。

世界に目を向ければ、アメリカとソビエト社会主義共和国連邦（ソ連）が対立した東西冷戦の終結から30年の節目となります。第2次世界大戦後、世界は資本主義陣営と社会主義陣営に分断されました。その後、社会主義経済は徐々に行き詰まりを見せ、**1989年12月、地中海のマルタ**で当時のアメリカのジョージ・H・W・ブッシュ大統領（パパ・ブッシュ）と、ソ連のミハイル・ゴルバチョフ書記長が共同記者会見を開きました。**東西冷戦の終結を宣言**したのです（マルタ会談）。

東西冷戦の終結は、すなわち資本主義の勝利でした。以降、**資本主義の盟主たる「アメリカの覇権時代」が続くことになります**。ところがいま、**アメリカの覇権が揺らいでいます**。

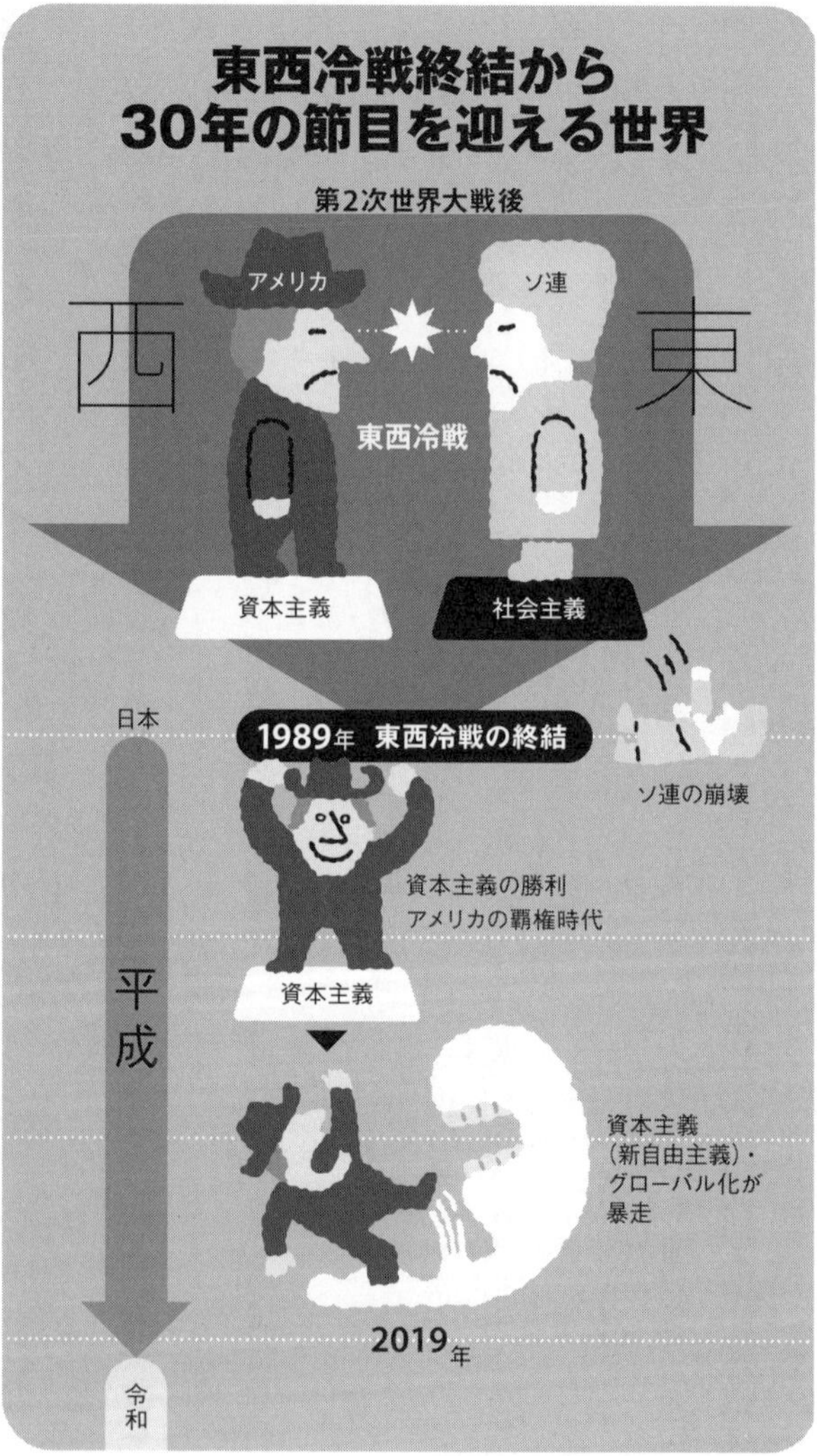
東西冷戦終結から
30年の節目を迎える世界
第2次世界大戦後
アメリカ
ソ連
西
東
東西冷戦
資本主義
社会主義
日本
1989年 東西冷戦の終結
ソ連の崩壊
資本主義の勝利
アメリカの覇権時代
資本主義
平成
資本主義
(新自由主義)・
グローバル化が
暴走
2019年
令和

■歴史の転換点となった「ペンス演説」

米ソの対立は「冷戦」と呼ばれました。お互いが実際には使えない（使わない）核兵器を持ってにらみ合っていたからです。実際に撃ち合う戦争（ホット・ウォー）に対して、「冷戦」（コールド・ウォー）。**核兵器の恐怖が〝平和〟を創り出すという異常な時代**でした。

ところが、いま、また大国間に新たな対立が生まれています。

２０１８年10月4日、アメリカのマイク・ペンス副大統領が、保守系シンクタンク、ハドソン研究所で行った演説は衝撃的でした。経済大国となった中華人民共和国への容赦ない対抗心をむき出しにしたからです。

まず、ペンス副大統領がどういう人物かを説明しましょう。

アメリカというのは、イギリスで迫害されたプロテスタントがつくった国です。宗教的な弾圧を逃れ、自由を求めてアメリカ大陸へやってきた。当然、人口の圧倒的多数はプロテスタントが占めています。そんな中、ペンスはアメリカでは少数派のアイルラン

ド系カトリックです。さらに、「聖書に書いてあることは一言一句正しい」という**キリスト教原理主義者**であり、妊娠中絶や同性婚は言語道断という立場です。よって、同じ主義主張を持つアメリカ南部の福音派（＝宗教右派とも言う）から絶大な支持を得ています。ドナルド・トランプ大統領は、共和党支持の彼らをつなぎとめるためにペンスを副大統領にしたのです。

アメリカでは、大統領にもしものことがあった場合（たとえばテロ事件や弾劾など）、大統領になるのは副大統領です。このため、アメリカは大統領と副大統領をペアで選ぶのですが、いまや、**〝ペンス大統領待望論〟すらあるほど**です。

そんなペンスの演説の概要を一部、紹介しましょう（日本経済新聞２０１８・11・２付より引用）。

「ソ連の崩壊後、我々は中国の自由化が避けられないと想定した。楽観主義をもって中国に米国経済への自由なアクセスを与えることに合意し、世界貿易機関（ＷＴＯ）に加盟させた。中国での自由が経済的だけでなく政治的にも拡大することを期待してきた。しかし、その希望は満たされなかった」

要するに、アメリカとしては中国が経済的に豊かになれば、やがて民主主義の国になるだろうと思って中国に投資し続けてきた。ロシアでさえ経済が豊かになると民主化された。しかし中国は、世界2位の経済大国になったいまも共産党による独裁で、政治的自由が進む気配がない。アメリカの見通しは甘かった。ペンスは、「**アメリカが中国を助ける時代は終わった。アメリカは中国に裏切られたのだ**」と断じたのです。さらに、

「現在、共産党は『中国製造（メード・イン・チャイナ）2025』計画を通じて、ロボット工学、バイオテクノロジー、人工知能など世界の最先端産業の9割を支配することを目指している。中国政府は21世紀の経済の圧倒的なシェアを占めるために、官僚や企業に対し米国の経済的指導力の礎である知的財産をあらゆる手段を用いて取得するよう指示してきた。

中国政府は現在、多くの米国企業に中国で事業を行うための対価として企業秘密を提出することを要求している。中国の安全保障機関は米国の技術の大規模な窃盗の黒幕だ。中国共産党は盗んだ技術を使って民間技術を軍事技術に大規模転用している」

激しい中国批判ですね。つまり中国の人民解放軍が、「中国製造2025」の目標達

成のため、アメリカの知財をあらゆる手段を使って略奪している。国家ぐるみの産業スパイだと言っているのです。

また「ここ数年、中国は自国民に対して統制と抑圧に向けた急激な転換をした。中国は他に類を見ない監視国家を築き、時に米国の技術の助けを借りてより攻撃的になっている。『グレートファイアウオール』（中国のインターネット検閲システム）の壁は高くなり、中国の人々が自由な情報に接するのを大幅に制限している。

中国のキリスト教徒、仏教徒、イスラム教徒に対する新たな迫害の波が押し寄せている。新疆ウイグル自治区では政府の収容所に100万人ものイスラム教徒のウイグル族を投獄し思想改造を行っている」

中国は宗教に関する自由を国民から奪っている。

私の知り合いが観光目的で中国北西部の新疆《しんきょう》ウイグル自治区へ行ったところ、ウイグル人一人ひとりが徹底的に監視されていて、ちょっとでも反抗的な態度をとると拘束され強制収容所に入れられていると言っていました。監視を、対テロリズム政策として正当化しているのです。ペンスは、中国の国内政治をも痛烈に批判しました。

一帯一路構想に対しても、こう言及しています。

「中国は『借金漬け外交』を利用してその影響を拡大している。中国は、アジアやアフリカなどのインフラ建設に数千億ドルもの資金を提供している。しかし、これらの融資条件は不透明だ。スリランカは商業的価値があるかどうか疑問の余地のある港を中国の国有企業が建設するために巨額の負債を負った。支払いの余裕がなくなると、中国政府はスリランカにその新しい港を引き渡すよう圧力をかけた。それは中国海軍の将来的な軍事基地になるかもしれない」

1972年のリチャード・ニクソン大統領（当時）訪中からこれまで、米中は「チャイメリカ」と呼ばれるほどの蜜月《みつげつ》関係が続いてきました。それがついに終わったということです。

ペンス演説は、いわば「中国への宣戦布告」。これには民主党も反対していません。よって、国としての大方針です。**米中の関係が劇的に変わる、まさに歴史の転換点**といえるでしょう。

■「トゥキュディデスの罠」

いまの米中関係を「トゥキュディデスの罠《わな》」と、国際情勢をみる専門家は言います。

トゥキュディデスとは『戦史』を書いた古代ギリシャの歴史家です。

かつてナンバーワンの位置にいたスパルタの地位を、台頭してきたアテネが脅かすことによってペロポネソス戦争が起こった。『戦史』は、トゥキュディデスが紀元前5世紀の古代ギリシャ世界で発生したペロポネソス戦争の原因について考察した歴史書です。

アメリカの政治学者グレアム・アリソンは、この本をもとに、大きな権力を持つ覇権国家があるところに、急激に成長する国が出てくると、それを抑えようとする従来の覇権国家と新しく覇権を奪おうとする国との間で衝突が起きる――これを「トゥキュディデスの罠」と名付けました。

アリソンによれば、アテネ対スパルタにはじまり、**第1次世界大戦は覇権国家イギリスに対し、ドイツが挑んだ戦争**だった。過去の歴史を振り返ると、**大きな戦争は、覇権国家の交代によって起こっているケースが多い**と分析しています。21世紀初頭のいまは、

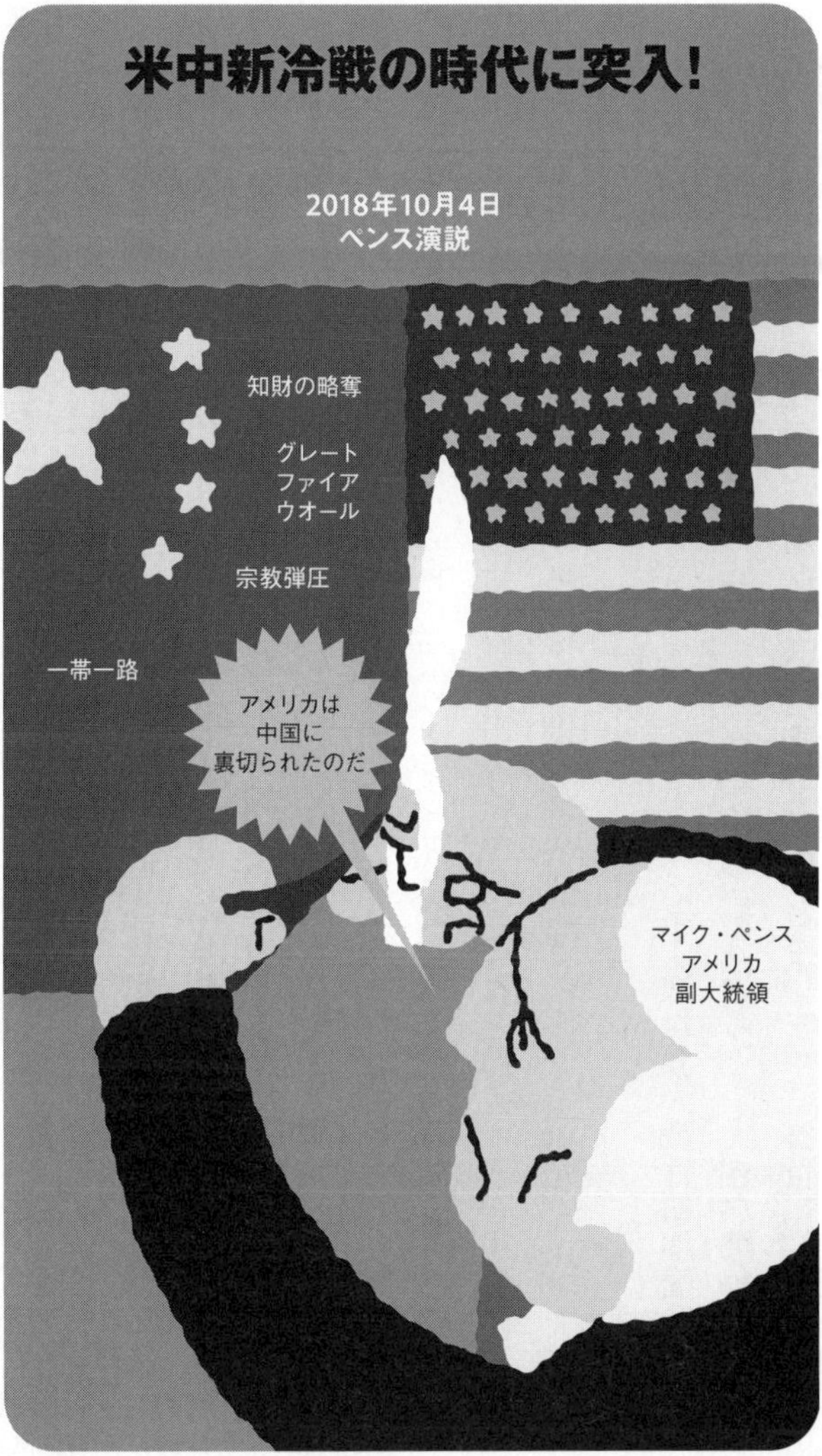
米中新冷戦の時代に突入！
2018年10月4日
ペンス演説
知財の略奪
グレート
ファイアウオール
宗教弾圧
一帯一路
アメリカは
中国に
裏切られたのだ
マイク・ペンス
アメリカ
副大統領

まさにアメリカと中国がそういう状況なのではないかというわけです。

しかし、ペンスは覇権にチャレンジする中国に対し、こう言っています。

「中国はほかの全アジアを合わせたのと同じくらいの軍事費を投じ、米国の陸、海、空、宇宙における軍事的優位を脅かす能力の獲得を第一目標としている。中国は米国を西太平洋から追い出し、米国が同盟国を救援に訪れるのを阻止しようとしている。しかし、彼らは失敗するだろう」

過去のアメリカ政権は中国の行動を見逃してきた、野放しにしてきたが、そのような日々は終わったというわけです。

アメリカも中国も核兵器を持っています。ただし、核のボタンは押せません。したがって、これを**「米中新冷戦」**と呼ぶ人もいます。

■中国の国家戦略「韜光養晦」のはずが

中国の国家体制を許せないと考えるペンス副大統領と違って、**トランプ大統領は自称**

「タリフマン（関税の男）」です。貿易赤字さえ解消すればいいのです。

　対して中国側は「アメリカの貿易赤字を減らすためにも、もっとアメリカ産農産物を輸入します」と低姿勢になりました。「バカなトランプに媚《こ》びておこう」と、トランプのご機嫌をとるために妥協のポーズを見せたのですが、結局交渉は決裂。２０１９年５月初旬、アメリカは中国に対して輸入品２０００億ドル（日本円で約22兆円）に25％の関税をかけることを決めました。

　そもそも**中国の外交姿勢は「韜光養晦《とうこうようかい》」**と呼ばれてきました。これは１９９０年代の最高指導者・鄧小平《とうしょうへい》が強調した外交方針で、「能力を隠して、内に力を蓄える」という意味です。日本のことわざに置き換えれば「能ある鷹《たか》は爪を隠す」でしょうか。

　中国は、建国から１００周年の２０４９年を目標にアメリカを追い抜く超大国となる**「世界覇権１００年戦略」を打ち立てている**といいます。長い時間をかけて覇権を確立しようとしてきたのに、習近平《しゅうきんぺい》は「もういいだろう」と、**ちょっと爪を見せるのが早過ぎた**。アメリカと敵対関係にならないように、もっと隠しておかなければいけない。いま中国国内では「もう一度、元に戻って低姿勢になるべきだ」と、習近平に対する批判

が出始めています。「鄧小平の言うとおりにしておけばよかったのに」……。歴代の国家主席は胡錦濤《こきんとう》までは鄧小平を立ててきました。中国の発展の絵を描いたのは鄧小平だからです。しかし習近平政権は、鄧小平のことをまったく言わなくなりました。中国の書店へ行くと鄧小平の本が並んでいません。奥のほうに少しある程度です。習近平の指示なのか、忖度《そんたく》なのか。中国では、書店の本の並べ方にも共産党が口をはさむのです。

　中国が出過ぎなければ、アメリカはモンロー主義に先祖がえりするところでした。モンロー主義とは第5代アメリカ大統領のジェームズ・モンローが1823年に打ち出した政策で、アメリカとヨーロッパは互いに干渉しないと主張しました。いわば「孤立主義」です。第1次世界大戦後、アメリカの第28代大統領だったウッドロウ・ウィルソンは国際連盟を提唱しました。彼は理想主義者で、世界平和を維持するためには国際協力が必要だと考えたのです。国際連盟は実現しました。しかし、アメリカ議会上院の共和党が**モンロー主義を守るべきだと主張し、否決された**ため、言い出しっぺのアメリカは参加しませんでした。

　大統領と議会の関係を逆にすると、**トランプは当時の議会と同じでアメリカさえよけ**

ればいいという考え方です。世界の警察官をやめたいし、北大西洋《たいせいよう》条約機構（NATO）からも離脱したい意向を周囲に話したと伝えられています。国際連合からも離脱すると言いかねません。

すでにユネスコからは脱退を決め、TPP（環太平洋《たいへいよう》経済連携協定）からもパリ協定からも離脱して、国際社会における影響力をどんどん失いつつありました。中国の習近平は「いよいよ中国覇権の時代がくる」とほくそ笑んでいたはずなのです。

トランプ政権は2018年、ベルギーのブリュッセルに駐在するEU（欧州連合）の大使の地位を、国際機関の代表級に格下げしていたことがわかりました。**EUを敵視しているトランプ大統領**としては、EUをまともな交渉相手にしていなかったのです。このことが明らかになってからは、大使と同等に戻すと発表していますが。

しかし、中国の大手通信機器メーカーの華為技術（ファーウェイ）をめぐってはヨーロッパの同盟国にファーウェイ排除を働きかけました。ヨーロッパを重要市場に持つファーウェイは抵抗に必死です。**5G（第5世代移動通信システム）戦争はアメリカにとって「絶対に負けられない戦い」**です。米中の覇権争いはどこへ向かうのか。中国の台

頭を阻止したいアメリカのいまについては第1章で、覇権国にチャレンジする中国については第4章で詳しく解説します。

■寛容さを失うヨーロッパ

ヨーロッパは**難民問題などに揺れ、まるで第2次世界大戦前のような状態**になりつつあります。欧州のリーダーとして他国を牽引《けんいん》してきたドイツのアンゲラ・メルケル首相は2018年秋、難民政策を巡って反対派と対立。ドイツキリスト教民主同盟（CDU）党首を辞任し、2021年の総選挙には立候補しないで引退すると宣言しました。

ドイツは第2次世界大戦の反省から、国外から多くの人々を受け入れてきましたが、**その寛容さが失われつつあります**。

EUは「ひとつの欧州」を目指し、労働者が国境を越えて自由に働くことを可能にしました。イギリスの人々がEU離脱を決断した背景には、賃金の安い旧東ヨーロッパの

国から大量に労働者が流れ込み、**「仕事が奪われた」という不満があります。**

フランスでは、移民・難民の受け入れ反対や、極右政党が台頭する中、2017年の大統領選挙で、無所属のエマニュエル・マクロンが選ばれました。

マクロン大統領は新たな政治参加（アンガージュマン）による現代版「フランス革命」を実現しようではないかと呼びかけましたが、**「金持ち優遇政策」だと反発する人々が、「NON」を叩《たた》きつけました。**逆に**マクロンに対するデモがフランス各地で巻き起こった**のです。それが「**黄色いベスト運動**」です。

フランスはドイツなどに比べて失業率が高いままで、マクロンを支持した若年層も失望感を抱いています。支持率は下がる一方で、マクロン政権は就任以来最大の危機を迎えています。「EUの優等生」といわれた**ドイツ、フランス、イギリスが、いまや「ヨーロッパの問題児」**となってしまいました。

■イギリスのEU離脱決定後、初の欧州議会選挙

２０１９年5月下旬、欧州議会選挙があります。本書が発売されるころにはその結果がでているはずです。

欧州議会選挙とは、EU加盟28カ国でつくる欧州議会の議員を決める選挙です。5年に1度、加盟各国で実施する直接選挙です。有権者は約4億人。１９７９年に初めての選挙が行われて以来、今回で9回目となります。

イギリスはEU離脱をする予定で議席が割り当てられていませんでしたが、EU離脱期日が２０１９年10月末日まで延長された結果、欧州議会選挙への参加が義務付けられました。

欧州議会の選挙は、一般国民が選びます。選挙日程こそEUで決定しますが、投票が義務となっている国もあれば、そうでない国もあり、選挙区も国によって全国で1区の国、複数の地域ブロックに分割している国などさまざまです。それぞれの国の人口に比例して「あなたの国は欧州議会の議員を何人選べます」と国別に議席が分配されます。

２０１９年１月、欧州議会選挙の選挙戦を始動したフランスの国民連合（旧国民戦線）のマリーヌ・ルペン党首は、23歳のジョルダン・バルデラを比例名簿の１位に指名しました。彼は「反マクロン」を打ち出し、移民には反対、黄色いベスト運動の支持層を取り込みたいと考えています。

ちなみにルペン本人が選挙に出る必要はありません。国民連合の党員を出せばいいわけです。自分が欧州議会の議員になってしまうとずっと欧州議会があるフランスのストラスブールにいなければならないので、国内の仕事ができなくなってしまいますから。

欧州議会選挙が国内の選挙と違うのは、自分の国のことではないので「お試しでこの人に入れてみよう」と無責任に投票しやすい点です。

この最大の例がイギリスです。これまでイギリスの欧州議会の議員は、イギリスのＥＵ離脱に大きな役割を果たした「イギリス独立党（ＵＫＩＰ）」がトップでした。「ＥＵで自分の国の権利を主張してくれる人に投票しよう」となりがちなのです。

「ひとつの欧州」の夢はどこへ行ってしまったのやら。**各国のポピュリズム政党が議席を伸ばし、イギリスのＥＵ離脱で揺らぐ欧州統合への逆風はさらに強まりそうです。**

極右の勢いが台頭するＥＵについては、第2章で解説します。

■アメリカが関心を失くした中東

〝自分ファーストに振り回される世界〟。最も その犠牲になっているのが中東といえるでしょう。

トランプ大統領は「**アメリカは世界の警察官をやめる**」と言っていますが、これはトランプが言い始めたことではありません。バラク・オバマ前大統領がすでに「アメリカは世界の警察官ではない」と言っていました。

なぜアメリカは「世界の警察官をやめる」と言い出したのか。第2次世界大戦後、アメリカは中東への関与を強めました。石油が欲しかったからです。１９３０年代にサウジアラビアで石油の利権を獲得してから、サウジアラビアから石油を買う代わりに、渡したドルでアメリカ製の武器を買わせる。サウジアラビアを利用してきたわけです。

ところが「シェール革命」により、アメリカはサウジアラビアを抜く世界一の産油国

となりました。サウジアラビアが〝用無し〟状態になるや、アメリカは中東への関与姿勢を希薄化させています。

代わって中東に進出してきたのがロシアです。アメリカ軍がシリアから撤退したことで、シリアのバッシャール・ハーフィズ・アル＝アサド政権を支援してきたロシアの影響力が強まっています。

これまでロシアは、サウジアラビアの「敵対国」でした。しかし、このところ両国が接近しています。２０１７年10月、サウジアラビアのサルマーン・ビン・アブドゥルアズィーズ国王がロシアを訪問しました。サウジアラビアの国王がロシアを訪れるのは史上初めてでした。それ以降、ロシアのウラジーミル・プーチン大統領は、たびたびサウジアラビアのムハンマド・ビン・サルマーン・アール＝サウード皇太子と直接会ったり、電話会談をしたりしています。

一方で、トルコ共和国も中東で存在感を増しています。ジャマル・カショギ記者殺害事件は、トルコとサウジアラビアの間に緊張感を高めました。

変わる中東のパワーバランスについては、第３章で解説します。

■米中の間で揺れる東アジア

東アジアも、大国中国とアメリカの間で揺れています。日本はそんな中、どう進めばいいのか。

日本と大韓民国の関係は徴用工判決で最悪となっています。徴用工とは、戦時中、日本企業により強制労働をさせられたとされる朝鮮半島出身者たちです。彼らが日本企業を訴えたところ、韓国の最高裁判所は「日本企業は損害賠償金を払え」という判決を出しました。

「ちょっと待って、そもそも賠償の話は解決済みでしょ」というのが日本の立場です。合意済みの問題を定期的に蒸し返してきた韓国に対して、「またか」と思っている人も多いでしょう。

実は、日本は近年まで韓国と民間レベルの交流がほとんどなかったのです。韓国は軍事独裁政権で、1980年代前半は、夜間は外出禁止だったほど。日本の現職総理大臣が韓国へ行ったのも1983年の中曽根《なかそね》康弘《やすひろ》首相が初めてでした。当時、日本人が知っ

ている韓国人も日本で活躍していた歌手の「チョー・ヨンピル」くらいだったでしょうか。

しかしその後、１９９８年にはそれまで読めなかった日本の漫画が韓国で読めるようになり、２００２年にはサッカー日韓ワールドカップ（２００２ＦＩＦＡワールドカップ）を開催。『冬のソナタ』が日本で大ブームとなりました。

ところが日韓関係が険悪になり始めたのは２０１１年ごろです。ソウルの日本大使館前に慰安婦像が建てられ、**2015年には慰安婦問題についての日韓合意により、日本政府は「心からおわびと反省の気持ち」を表明するとともに韓国に10億円を拠出しました。**

もうこれで蒸し返されないだろうと思いきや、**2018年、「和解・癒《い》やし財団の解散」により、日韓合意が揺るぎました。**実際、存命の慰安婦の７割超は日本から出資した資金を受け取っているのです。でも「それでは認められない。日本を許してはならない」と言う人がいます。

そもそも文在寅《ムンジェイン》大統領は「日韓合意に反対」と言って当選していますから、この人た

ちの気持ちを代弁せざるを得ない立場なのでしょう。

慰安婦問題と同じようにひっくり返されたのが徴用工問題です。韓国との間でたびたびこういうことが起きるのはどうしてなのか。日韓関係の歴史を第4章で振り返ってみましょう。

■憲政史上最長政権へ。安倍政権は日本をどこへ?

日本国内を見れば、2018年9月の自由民主党総裁選挙で安倍晋三首相が3選され、いよいよ**日本憲政史上、最長の政権の可能性がでてきました**。

2019年は亥《い》年。亥年というのは、**春の統一地方選挙（全国の地方自治体の選挙）と夏の参議院選挙が重なる12年に1度の選挙イヤー**です。統一地方選挙は4年に1度、参議院選挙は3年に1度（定数の半分を改選）行われます。4と3の最小公倍数は12。そこで必ず毎回、亥年になるというわけです。

この夏の参議院選挙を乗り切れば、安倍首相は11月で在職日数が憲政史上最長の首相

（第1次安倍政権からの通算で）となります。2月22日で歴代ナンバー4に躍り出ましたが、11月20日には1位の桂太郎《かつらたろう》（2886日）［2位・佐藤栄作《さとうえいさく》（2798日）、3位・伊藤博文《いとうひろぶみ》（2720日）、4位・吉田茂《よしだしげる》（2616日）］を抜いてトップになります。仮に任期（2021年9月末）いっぱいまで首相を務めると、在任期間は3567日となり、史上最長政権となります。

ちなみに、安倍首相は「衆参ダブル選挙は頭の片隅にもありません」と断言していますが、**衆議院解散の憶測も消えたわけではありません**。過去に中曽根内閣が衆参ダブル選挙をして大勝利したように、**衆参ダブル選挙は与党に有利**です。参議院選挙だけなら野党が協力し合って統一候補を立てられます。与党対野党の構図に持ち込めるのです。多くの人が「与党にお灸《きゅう》をすえよう」と思えば野党に入れるという投票行動をとるので、野党に有利になるのです。しかし、衆参同時選挙となるとそれぞれが敵同士になって戦うため、**組織力で勝る与党（自民党・公明党）に有利になります**。

在職日数ナンバーワン総理として、歴代首相に見劣りしないレガシー（遺産）を遺《のこ》せるのか。

ちょうど12年前、**「消えた年金問題」が発覚し、参議院選挙で大負け**して安倍首相は体調不良を理由に辞任しました。安倍首相としては、なんとしても今回の参議院選挙は勝ちたいと思っているはずです。

しかし、安倍政権には不祥事が続きます。とくに大きな痛手となったのが、**厚生労働省の統計不正問題**です。厚生労働省が「毎月勤労統計」を不適切な方法で調査していることが明らかになったのです。安倍首相には、12年前の嫌な記憶がよみがえったはずです。

さらに、これまで「賃金は上昇している」と言ってきたのに、実は２０１８年の実質賃金の伸び率はマイナスだったことが判明しました。こうなるとアベノミクスは失敗だったのではないかという声も出ます。

日本の問題については第６章でみていきましょう。

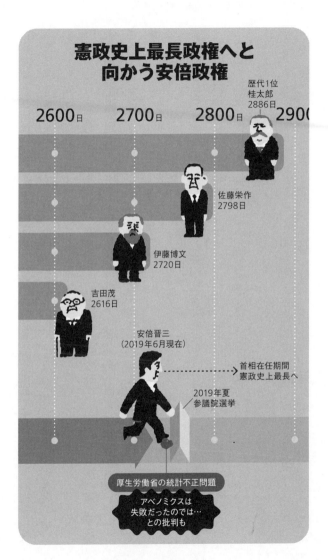

憲政史上最長政権へと向かう安倍政権

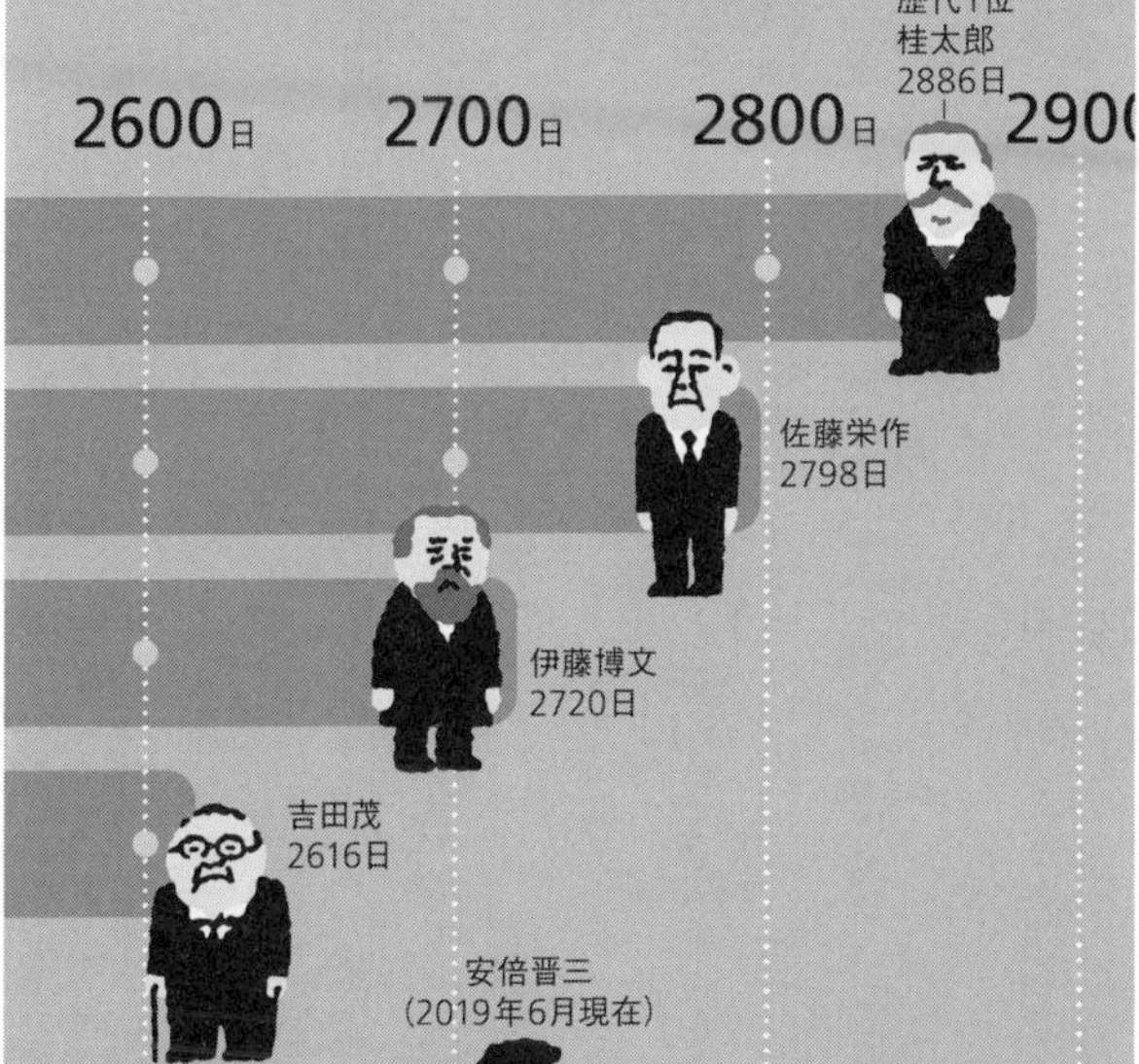

■歴史を正しく学ぼう～とくに「民族」と「宗教」

2018年9月の自民党総裁選で連続3選を目指す安倍首相（党総裁）が、正式な出馬を表明したのは、森山裕《もりやまひろし》国会対策委員長の地元鹿児島県でした。『加治隆介《かじりゅうすけ》の議』という漫画（鹿児島から選ばれた若手の国会議員が活躍する漫画）を読んでいたのでしょう。いまでも安倍首相のフェイスブックを見ればわかるのですが、出馬の決意と「我が胸の燃ゆる思ひにくらぶれば煙はうすし桜島山《さくらじまやま》」とあり、「筑前《ちくぜん》の志士、平野国臣《ひらのくにおみ》の短歌です。大きな歴史の転換点を迎える中、日本の明日を切り拓《ひら》いて参ります」と投稿しています。

安倍首相は「これからは薩摩《さつま》と長州《ちょうしゅう》で力を合わせ、日本を変えようじゃないか」という意味だと思ったのでしょう。

しかし、これが勘違いなのですね。この短歌は「私の心のうちにある尊王攘夷《そんのうじょうい》への情熱に比べてみると、桜島の煙なんてまだまだ薄いものよ」。つまり、島津《しまづ》の殿様は全然やる気がない、という失望の歌なのです。

これが公開されてから、鹿児島の歴史を知っている人たちからは「なんで安倍さんは鹿児島の悪口を言っているんだろう」と思われ、逆効果になってしまいました。

加えて言えば、東北《とうほく》の人に失礼でした。「薩長同盟」を東北の人はいまだに快く思っていないということをご存じない。戊辰《ぼしん》戦争で旧幕府軍についた会津《あいづ》などでは、薩長への恨みが消えていない人もいるのです。

歴史を中途半端に知っていると弊害があります。**歴史はきちんと勉強しておいたほうがいいでしょう。**

さて、私が**東西冷戦後の世界を知るためにぜひ学んでほしいのが「民族」と「宗教」**です。旧ユーゴスラビア紛争はひとつにまとまっていた人々が敵対しあう民族対立という亡霊を復活させました。

2010年、チュニジアから始まった「アラブの春」と呼ばれる民主化運動は、独裁政権をドミノのように倒し、希望の革命かと思われましたが、結局、シリア内戦へとつながりヨーロッパを目指す多くの難民を生みました。

その難民・移民政策でいまEUは戦後最大の危機を迎えています。

一方、大国アメリカ、中国、ロシアの覇権争いは、**世界が「新しい冷戦」の時代に入ったことを印象づけました。**世界は東西冷戦という「イデオロギー対立」の時代から、「民族と宗教の対立」の時代へと移っていったのです。

日本は好むと好まざるとにかかわらず、**この争いに巻き込まれることを覚悟しておいたほうがいい**でしょう。

歴史は人間が同じ過ちを繰り返すことを教えてくれます。歴史を学び、自分なりの視点を持ち、時代を読み解く力を養っておくことが大切です。この本がその一助になれば幸いです。

第1章　居座るトランプ「アメリカ・ファースト」主義

■中間選挙後のアメリカ～根強いトランプ人気

２０１８年11月、アメリカで「中間選挙」がありました。中間選挙とは何か。まずはそこから説明しましょう。

中間選挙、それは4年ごとに行われる大統領選挙の中間に実施される選挙のことです。よって今回の中間選挙は、アメリカの有権者の、ドナルド・トランプ大統領の型破りな2年間に対する審判ととらえることもできます。

アメリカの大統領の任期は4年間。ところが下院議員は任期が2年間しかありません。短いですね。

大統領選挙のときに同時に選挙を行いましたが、それから2年が経ったので２０１８年11月、下院議員のすべてを選び直しました。

一方、アメリカの上院議員の任期は6年です。これは日本の参議院と同じですが、下院選挙が2年ごとにあるので、これに合わせて上院は「全体の3分の1ずつを選び直す」という仕組みになっています。

つまり、**4年ごとの大統領選挙の間の年に、アメリカ連邦議会の下院全員と上院の3分の1が改選される、**これがアメリカの中間選挙です。

では、なぜ上院・下院という言い方なのか。

下院の正式名称は「代議院」です。アメリカ建国当初は合衆国憲法を批准した11州から選出された議員65名で発足しました。一方、上院の正式名称は「元老院」です。「元老院」とは古代ローマ時代に皇帝に助言した長老の集まりです。

アメリカの首都がフィラデルフィアにあった時代、2階建ての議事堂の1階に入っていたのが代議院、2階に入っていたのが元老院でした。ここから元老院を「上院」、代議院を「下院」と呼ぶようになったのです。代議院（下院）の審議を、上から見守る長老たちをイメージしてみてください。これがアメリカ議会です。

2018年11月の中間選挙の結果は、上院はトランプ大統領の与党の共和党が、下院は民主党が、それぞれ多数派となりました。下院を民主党に奪還されたとはいえ、上院では共和党がわずかながら議席数を増やしました。**トランプ大統領はいろいろなことを言われていますが、アメリカでは人気が根強い**ことがわかります。

こうしてアメリカ議会は、**上院と下院で多数派が異なる「ねじれ議会」**となったのです。中間選挙の結果、**与党が下院の多数派の立場を失い、トランプ大統領は厳しい議会運営を迫られています。**

■アメリカ議会の異変

では、議会の〝中身〟はどうなったのか、どんな人が新たに当選してきたのかを見ると現在のアメリカの姿が見えてきます。

下院議員の数は各州の人口に比例して割り振られます。定数は435議席で、選挙区はすべて小選挙区です。

「小選挙区」とは、〝1つの選挙区に対して当選者が1人だけ〟という制度です。よって民主党の候補と共和党の候補が正面から対決します。

日本の場合、立候補者は現役優先が一般的ですが、アメリカでは選挙区に現職議員がいてもお構いなし。選挙のたびに党内で予備選挙を実施して候補者を選びます。

この仕組みの結果、今回は候補者の特徴に異変が起きました。

まず、民主党の場合、共和党のトランプと十分にやり合えていない現状を憂えている人たちが自ら名乗りを上げるケースが目立ちました。代表的な例が、ニューヨーク州の選挙区のひとつから立候補したアレクサンドリア・オカシオコルテスです。オカシオコルテスは28歳のヒスパニック系の女性で、約20年にわたり下院議員を務めてきたベテラン現職議員（ジョー・クローリー議員）を予備選で破って出てきました。前の年までウエイトレスとして働いていたのですが、突如として政治に目覚め候補者となり、女性議員としては最年少で当選しました。インフレにならない限り、赤字国債をいくら発行しても問題ないという「現代貨幣理論（ＭＭＴ）」を支持し話題となっています。

彼女に限らず、**民主党は左派が大挙して候補者になりました**。アメリカで社会主義者を名乗るのは自殺行為だと考えられていた時代が長かっただけに、隔世の感があります。アメリカ人が「社会主義」という言葉に嫌悪感を抱かなくなったのは、２０１６年の大統領選挙で同じく民主党候補だったヒラリー・クリントンと激しく争ったバーニー・サンダース上院議員の影響が大きいでしょう。オカシオコルテスの当選を可能にした背景

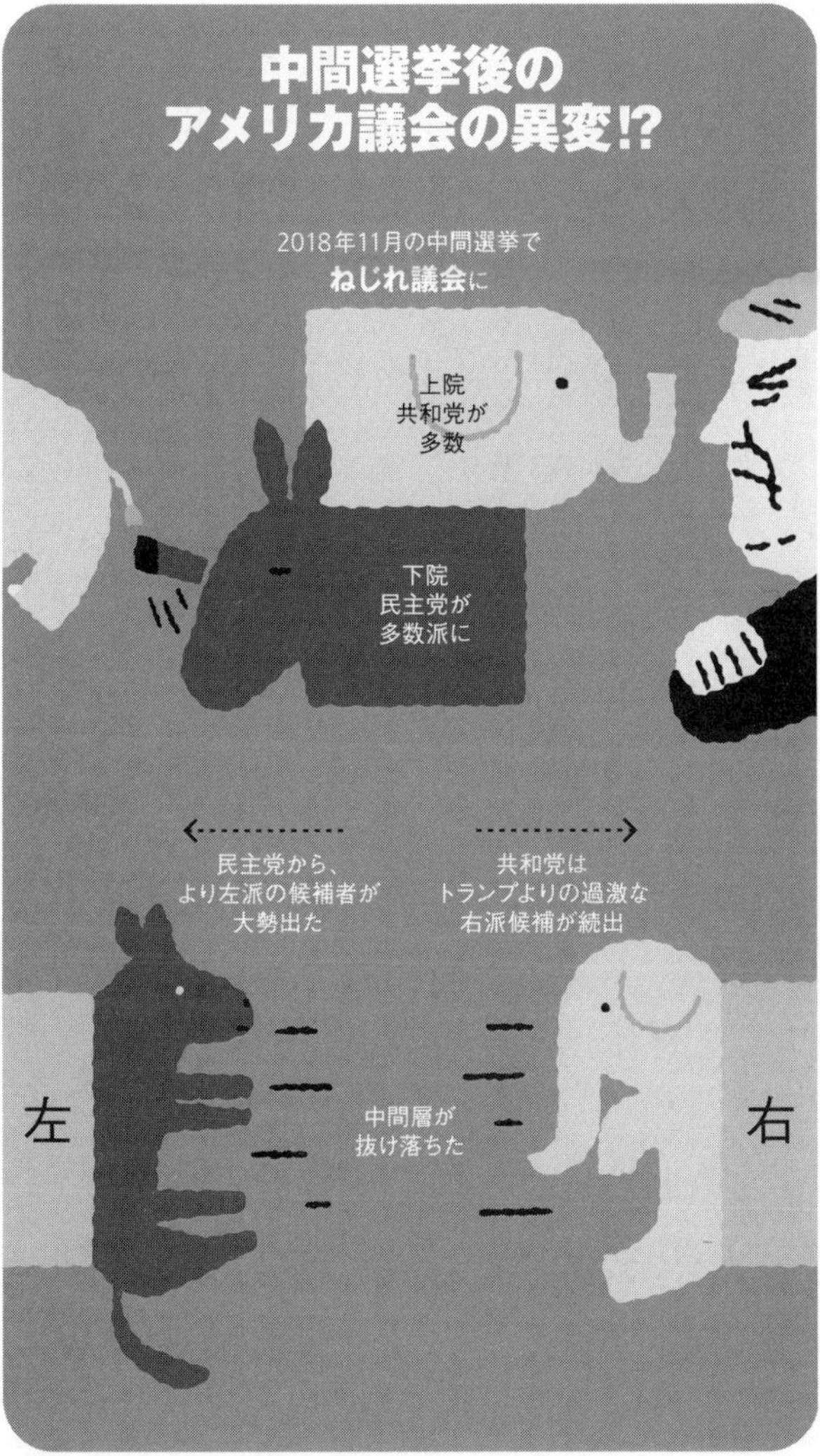
中間選挙後の
アメリカ議会の異変!?
2018年11月の中間選挙で
ねじれ議会に
上院
共和党が
多数
下院
民主党が
多数派に
民主党から、
より左派の候補者が
大勢出た
共和党は
トランプよりの過激な
右派候補が続出
左
中間層が
抜け落ちた
右

には、近年の**アメリカ社会における大きな経済格差**があります。

一方、共和党にも変化があります。こちらは**トランプ化が進んでいる**のです。トランプ大統領宛てに辞表を出したジェームズ・マティス国防長官は「トランプは小学校5〜6年生程度の理解力しかない」と言っていたそうです。もともと、共和党本流の中にはトランプという人間に眉《まゆ》をひそめる人も多かったのです。ところが、反トランプ派が、中間選挙を機に次々に政治家を引退しました。代わって共和党候補には、「トランプチルドレン」とでも呼ぶべき過激な右派候補が続出しました。

つまり**中間層が抜け落ちてしまったのが今回のアメリカ中間選挙**です。共和党は「より右寄り」に、民主党は「より左寄り」に。これがいまのアメリカ議会の〝中身〟です。

■元顧問弁護士コーエンの裏切り

トランプ大統領をめぐっては、数々の疑惑が噴出し、特別検察官が任命されて捜査をしました。**特別検察官とは、大統領や政府高官を捜査、訴追するために特別に設けられ**

た役職です。1974年、リチャード・ニクソン大統領（当時）が辞任に追い込まれた「ウォーターゲート事件」をきっかけに設けられ、FBI（連邦捜査局）からある程度独立した立場で捜査・訴追する権限が与えられています。

ここで捜査された疑惑のひとつが、トランプと不倫関係にあったと主張しているポルノ女優に対する口止め料13万ドル（約1400万円）についてです。

トランプ大統領はメラニア夫人と結婚していたにもかかわらず、ポルノ女優と関係を持ったというのです。しかしそれはプライベートなこと。メラニア夫人が怒ればいいだけの話です。問題は、口止め料としてポルノ女優に払った1400万円が、トランプのポケットマネーではなく**選挙資金として集められたお金から支払われたのではないか**ということです。もしそうなら、これは**選挙資金関連法に違反**します。

「ロシアゲート疑惑」についてもいろいろなことが明らかになってきました。トランプの汚れ仕事を全部押し付けられていた元顧問弁護士マイケル・コーエンが、裏切っていろいろな行為について証言したからです。

2019年4月には、大統領の疑惑を捜査してきた特別検察官が報告書を司法長官に

提出しました。この内容について、トランプ大統領は、「自分の疑惑はすべて晴れた」と言い張っていますが、実際にはさまざまな疑惑が列挙されていました。

アメリカではすでに2018年から、野党だった民主党がトランプ大統領の疑惑を追及するために、下院に調査委員会をつくろうとしてきました。ところが多数派だった共和党がすべて潰《つぶ》してきました。しかしアメリカ議会下院は民主党が多数になると、調査委員会の委員長はすべて民主党が占めます。ということは、これからトランプの**ロシアゲート疑惑はもとより、選挙資金不正利用疑惑や脱税疑惑まで徹底的に調査ができる**ことになります。

トランプはきっと癇癪《かんしゃく》を起こして、なんとかアメリカ国民の目をそらしたいと考えるでしょう。となると**外交交渉で強い大統領をアピールしようとするはず**です。日本もあまり他人事《ひとごと》と笑ってはいられません。

■アメリカの上院と下院、役割の違い

ここで、アメリカの上院と下院の役割の違いについて整理しておきましょう。下院の議席は州の人口に比例して割り当てられます。10年に1度国勢調査があり、その調査に基づいて州ごとに何人の下院議員を割り当てるかが決まるのです。ですので、こちらはいわば**「下院＝国民の代表」**と称していいでしょう。

一方、上院は人口に関係なく、各州2人ずつ。アメリカは50州あるので定数100人。こちらは**「上院＝州の代表」**です。任期は6年で2年ごとに3分の1ずつ選び直します。100人を3で割り切れないので33人改選と34人改選の年があるということです。2018年の中間選挙では、33議席と特別選挙（現職が任期満了を待たずに辞職してしまったため）2議席が改選の対象となりました。

では、上院と下院で役割はどう違うのか。

たとえば、トランプ政権のもとで国防長官を誰にするか、国務長官を誰にするかといった閣僚人事、日本でいう大臣ですね。これはトランプ大統領が指名した後、上院の承

認が必要です。最高裁判所の判事についても同様です。**人事については上院が絶対的な力を持っています。**

一方、予算案や法案を成立させるためには、上院と下院の双方の議決が必要です。日本の場合、予算案をつくるのは内閣です。実務を行うのは財務省ですが、最終的に内閣として国会に予算案を提出し、衆議院と参議院の両方で可決されて初めて予算が決まります。ただし日本の場合は、衆議院と参議院がねじれ国会のためにいつまで経っても予算が決まらないというのは困るので、予算に関しては衆議院が優先する仕組みになっています。「衆議院の優越」は、中学校の公民で習いましたね。

アメリカの場合は**上院と下院が全く対等**です。さらに**予算案をつくるのは議会**です。大統領に予算案をつくる権限はありません。大統領は「これだけの予算をつけてくれ」と議会に頼むしかないのです。アメリカは議会の中に「予算局」というのがあって、ここで予算案をつくり、上院と下院、両方で可決されて初めて予算が成立します。よって、ねじれ議会になると予算がまとまらないことがあります。

トランプ大統領は選挙中から「メキシコとの国境に壁をつくる」と言っていました。

2018年の暮れ、そのための資金をつなぎ予算として予算案に盛り込もうとしたことについて民主党が反対したため、結局、予算案が可決されないままとなってしまいました。

この結果、政府が使える資金がなくなり、年末から35日間にわたって連邦政府の役所が閉鎖に追い込まれる事態になってしまいました。政府機能が停止し、自由の女神などの観光地が閉鎖されました。

さすがに入国管理官やFBIが仕事を休んだら国が成り立たないので、職員らは「後で給料はもらえるだろう」とボランティア状態で働いていましたが、**上院と下院がねじれている以上、予算がまとまらないことが今後もしばしば起きる**でしょう。

下院は予算決定権のほか、大統領を弾劾するための「弾劾発議権」も持っています。

■大統領の「非常事態宣言」とは

アメリカ大統領は権限が強大なため「期限付きの独裁者」という人もいます。本当に

そうだとあらためて痛感した出来事がありました。

2019年2月15日、トランプ大統領はメキシコとの国境に壁を建設するために「国家非常事態宣言」を出したからです。議会で認められたのは壁ではなく「フェンス」の建設費。大統領が求めた57億ドル（約6300億円）には遠く及ばない13億7500万ドル（約1520億円）というものでした。

当然トランプ大統領は受け入れられません。そこで非常事態宣言を出したのです。**大統領が非常事態宣言を出せば、議会を通さずに国家資金を支出できる**からです。

近年では、2001年の9・11アメリカ同時多発テロの後、ジョージ・W・ブッシュ大統領（息子のブッシュ）が非常事態宣言を出しています。あれだけのことですから、当然と言えば当然でしょう。アメリカには「国家非常事態法」という法律があり、これに基づいて**非常事態を宣言すれば、平時では制限されている権力を行使できる**のです。

よく「戒厳令」と混同しがちですが、戒厳令というのは、非常時に際して通常の行政権、司法権の停止と、軍による支配を実現することです。

バラク・オバマ大統領のときも、「新型インフルエンザ」の対策促進のため非常事態

宣言を出しました。予算を決めるのは議会だけれど、大統領の権限でアメリカ軍の軍事予算や国防総省の薬物対策費、財務省の基金から資金を捻出《ねんしゅつ》することができるのです。

今回、このトランプ大統領の宣言を議会は無効とする決議案を可決しましたが、大統領はこの決議案に拒否権を発動しました。大統領の拒否権を無効にするには、上院、下院両院の3分の2の支持が必要ですが、そこまでの支持は得られていません。

■なぜメキシコとの国境に壁を築きたいのか

しかし、メキシコとの国境に至急壁を建設しなければいけないほど、アメリカは切羽詰まっているのか。メキシコとの国境に近いアメリカのテキサス州で、不法移民の取材をしたことがあります。国境を不法に越えてくる人たちを一時保護する施設で会ったのは、中央アメリカに位置するホンジュラスから逃げてきた女性でした。

アメリカに不法に入っているのはメキシコ人だと思っている人もいるかもしれませんが、そうではありません。ほとんどがホンジュラスなど中米の国からの移民集団です。

彼らはメキシコを通過してアメリカへ行きたいのです。

中米には麻薬組織ともつながったギャング集団がいて、とても治安が悪くなっています。小さい子どもを持つ親などは子どもを守ろうと、命懸けで国境を越えています。

本来、命の危険がある難民は、難民条約に基づいてメキシコが受け入れることになっています。アメリカが受け入れる必要はありません。

北アフリカやシリアからＥＵ（欧州連合）へ入った難民も、最初はイタリアやギリシャへ入ってそこからドイツを目指しました。本来はイタリアやギリシャで難民認定をしなければならないのですが、「どうぞ、どうぞ通過してください」と見て見ぬふりをしたのです。同じことをいま、メキシコがやっているということです。

アメリカを目指す理由はいろいろあるでしょうが、私が取材をしたホンジュラスから来た女性は、アメリカで生まれた子は自動的にアメリカ国籍が与えられるので、「アメリカで出産をしたい」ということでした。そうすれば子どもが成人に達すれば、家族の永住権を申請できます。

アメリカで生まれた子どもには自動的にアメリカ国籍がもらえる。これを**「国籍の出**

生地主義」といいます。その結果、アメリカに入国を図る不法移民は後を絶ちません。トランプ大統領は、これが不満なのです。いったん不法移民の子に国籍を与えると、家族を外国から呼び寄せられる**「移民の連鎖」が止まらなくなると考えています。**

アメリカのように出生地主義をとる国は、カナダやメキシコ、ブラジル、ペルーなど。ちなみに日本は血統主義です。父親または母親のいずれか一方が日本国民であれば、生まれた子どもには日本の国籍が与えられます。大半の国で、国籍は「血統主義」によって与えられています。

トランプ大統領は、出生地主義を大統領令で廃止する意向を明らかにしました。しかし、大統領令で、合衆国憲法で規定されている出生地主義の制度を廃止することはできるのか。いかにもトランプらしい議論ですが、さすがにこれは難しいでしょう。

■そもそも「関税」とは？

アメリカ・ファーストを掲げるトランプ大統領は、**貿易面でも「自国ファースト主**

義」を推し進めています。「輸入品に高い関税をかける」として、**関税を武器に各国からの輸入を制限した**のです。

「関税」とは、輸入品に課される税のことですね。

ところが後の報道で、トランプが関税について理解していなかったことが判明しました。あるアメリカ・テレビ番組のインタビューで「中国（中華人民共和国）がモノをアメリカに送る際に、彼らは25％を払っている」と語ったのです。

そこで問題です。関税をかけると、誰がどこに税金を払うのでしょうか？

トランプは、中国からの輸入品に関税をかけると税金は「中国負担」と誤解していました。そうではありません。

たとえば、日本がフランス産のワインに25％の関税をかけるとしましょう。**税金を実際に負担するのは日本の輸入企業**で、輸入企業は税金分の25％をのせてワインを国内で販売します。税金は消費者価格に転嫁され企業を通して国家の収入になる。要するに、**結果的に税金分を負担するのは我々消費者**なのです。

つまり、アメリカが中国からの輸入品に関税をかけると、アメリカの消費者の負担が

増えるのです。トランプ大統領は、こんなイロハも理解していなかったのです。

かつて関税は国の税収源として重要でしたが、いまでは国内産業を保護するために関税をかけるという側面が強くなっています。たとえば牛肉です。日本は海外から入ってくる牛肉に38・5％の関税をかけています。一方、海外からの野菜には３％。畜産農家は安い牛肉が入ってきたら競争に負けるので、国が高い関税をかけて保護しているのです。

■「スムート・ホーリー法」の悪夢再び

貿易戦争は相手国だけではなく、自国にも大きなダメージを与えます。アメリカが目の敵にしているのが中国です。**米中貿易戦争勃発《ぼっぱつ》**となっています。

アメリカはあらゆるものを中国から輸入しています。それによってアメリカが貿易赤字に苦しんでいる、というのがトランプの言い分です。対中貿易赤字を少しでも減らすために、アメリカは２０１８年７月、中国から入ってくるハイテク製品など３４０億ド

ル分に25％の関税をかけました。関税をかけられた中国製品はアメリカ国内では値段が高くなって売れなくなります。

中国も負けてはいません。中国はアメリカから輸入されている自動車や大豆など、同じ３４０億ドル分に25％の関税をかけて報復しました。これはＷＴＯ（世界貿易機関）が決めた**「報復関税」というルールに則《のっと》っている**ので対応に問題はありません。

日本とアメリカの関係でも、アメリカは日本に対して貿易赤字を抱えていますから日本にも圧力をかけてきています。

関税を使って国内産業を保護する……、かつてアメリカではそういうことをやった歴史があります。１９２９年、ニューヨークで株式市場の大暴落が起きました。それがきっかけで世界恐慌へとつながっていったと思いがちですが、実際にはそうではありません。そんなに簡単なことではなかったのです。

歴史を振り返ると、当時のアメリカ大統領は共和党のハーバート・フーバーでした。彼はポピュリストで、有権者の支持を得ようと大統領に就任するや大幅減税を実施します。結果、アメリカは空前の好景気を迎え、住宅バブルまで起こります。しかしバブル

とは、いずれはじけるもの。急激に不安が広がり1929年の株価大暴落につながります。そこから金融不安が広がっていく。金融システムが麻痺《まひ》すると経済が深刻な状態になってしまいます。なんとかしなければならないと、このとき、アメリカは「スムート・ホーリー法」という法律を成立させます。共和党のリード・スムート上院議員とウィリス・ホーリー下院議員が連名で出したので「スムート・ホーリー法」と呼ばれます。アメリカの国内産業を守るために海外からの輸入品に高い関税をかけるぞ、とやったのです。おおむね2万品目くらいに平均で60%もの税金をかけました。ヨーロッパなどは当然、反発して報復関税をかけます。

アメリカの産業を守ろうとしたら、ヨーロッパへの輸出ができなくなってしまった。**世界貿易がほとんど止まってしまい、そこではじめて恐慌へとつながっていく**のです。

アメリカの恐慌がヨーロッパへ飛び火し、やがてヨーロッパも深刻な恐慌に陥っていく中で、オーストリアに生まれドイツにやってきたアドルフ・ヒトラーという人物が「これはドイツ人が悪いのではない、ユダヤ人のせいだ」などと主張。みるみる支持を広げ、選挙で勝利しました。

スムート・ホーリー法の
悪夢が再び!?
1929年 世界恐慌
極端な
保護貿易
1930年
スムート・ホーリー法
約2万品目に平均60%の関税
世界の貿易が止まる
1939年
ドイツにヒトラー政権を生み
第2次世界大戦につながった
2018年
トランプが
中国からの
輸入340億
ドルに対し
25%の関税
をかける。
その後も追加関税が……。
極端な
保護貿易
過去の教訓を
生かせるか？

当時ドイツには、世界で最も民主的と謳《うた》われるワイマール憲法がありました。ワイマール体制といわれます。**非常に民主的な憲法のもと、民主的な手続きによってヒトラーが政権をとった**のです。その権力を使って独裁体制に持って行き、やがて第2次世界大戦へと突入してしまいました。

それこそ「当時のようなことがないように」と、戦後になって、GATT（関税及び貿易に関する一般協定）ができました。

ずいぶん前の学生さんたちですと、「GATT」で習ったはずですが、いまの学生さんたちは「WTO」で習っています。GATTがその後発展したものがWTOです。自国の産業を守るために高い関税をかけるのをやめようじゃないかという取り組みです。第2次世界大戦へとつながる世界恐慌になってしまった教訓から、この国際協定ができたのです。

ところがトランプ大統領はそんなことはお構いなし。**自由貿易を促進するWTOから脱退すべきだとすら言い出しています。**

■ファーウェイ問題とは何か

実はアメリカが中国を徹底的に叩《たた》きたい理由には、**貿易赤字とはまた別に、外交問題、安全保障問題もあります。**

中国の通信機器最大手の華為技術（ファーウェイ）のナンバー2の女性、孟晩舟《もうばんしゅう》がカナダで逮捕されました。孟晩舟は、ファーウェイ創業者・任正非《じんせいひ》の長女です。彼女がなぜ捕まったのか。

アメリカはイランに対して経済制裁をしています。イランが核開発をしているという疑惑があって以来、世界の国々に対してイランと貿易をするな、イランに物を売るな、あるいは買うなと圧力をかけています。

ちなみに経済制裁とは、どのようにするのか。やり方は多様ですが、アメリカの経済制裁とは、**売買費用の送金を引き受けた（ドルを用立てた）銀行は、アメリカの銀行と取引をさせない**というものです。

世界のお金といえば「ドル」ですね。貿易にはドルを使いますから、この**ドルを武器**

にするのです。

たとえば日本がイランから石油を買うと、イランに対してドルで支払いをします。となると支払いをする銀行が、ドルを用立てなければいけません。

ある企業が外国に送金する場合、金融機関に通貨を持ち込み、ドルに両替して送金します。でも、銀行に十分なドルがなければ送金することができません。

アメリカの金融機関との取引ができなくなった銀行は、アメリカのドルを仕入れることができなくなる。ドルが手に入らなくなると大変です。世界との貿易で一切支払いができなくなるのですから、銀行にとっては致命的です。**ドルを入手できない金融機関は、貿易をする企業から相手にされなくなる**のです。

そこで銀行は、イランへの送金やイランからの送金を引き受けない。となるとイランは外国との貿易ができなくなり、経済に打撃を受けるというわけです。そういうやり方で経済制裁をしています。

ところがファーウェイの孟晩舟が経営権を持っていた子会社がひそかにイランにコンピュータを輸出し、支払いをドルで受け取っていたのです。

そのやり取りは、イギリスの金融大手ＨＳＢＣ（香港上海銀行《ホンコンシャンハイ》）の口座を使って行っていました。ＨＳＢＣ内部で違法取引を監視しているコンプライアンス担当者が気付いてアメリカに通報したのです。自ら通報しないと、もし違法な取引が行われていることがアメリカにわかったら、ＨＳＢＣがアメリカから制裁を受けて大打撃です。アメリカに発覚する前に通報したのです。

通報を受けたのは２０１７年初め。２０１７年4月から本格的な捜査が始まっていたといいます。それによってアメリカは孟晩舟に対する逮捕状を取っていました。彼女はアメリカによる捜査に気付き、それ以降アメリカに立ち寄ろうとしなかったといいます。カナダなら大丈夫だろうと、香港からカナダのバンクーバー経由でメキシコに行く途中、バンクーバーで逮捕されてしまったのです。

カナダとアメリカには特別な関係がありますから、アメリカの要請を受けたカナダの警察が逮捕したというわけです。以上が外交問題です。

■アメリカCIAが恐れる「バックドア」

次に安全保障問題とは何か。アメリカは日本に対してもファーウェイの部品を一切使うなと要請してきました。**アメリカが恐れているのは「バックドア」**です。アメリカのさまざまな企業の通信機器にファーウェイの部品が組み込まれています。部品を組み立てるときに、その中に使っている人が気付かないような、いわば裏口のような機能を仕込んで、中国から指令を受ければその部品がファーウェイの通信機器を経由してアメリカの軍事情報などをごっそり盗み取って中国へ送信する仕掛けになっているのではないか。あるいは米中が緊張関係になったときには、中国からの指令により、ファーウェイの部品が突然動作を止めてすべてが麻痺してしまうのではないか。CIA（中央情報局）がそうした疑惑を抱いているのです。

というのも、ファーウェイはもともと中国人民解放軍出身者が設立した企業です。中国人民解放軍とのつながりが深く、ファーウェイがここまで発展したのは、中国人民解放軍の全面的なバックアップがあったからこそだと見られています。**米中貿易戦争を仕**

掛けた一番の狙いはここにあります。

■アメリカは「国防権限法」を制定

アメリカは中国による情報抜き取りへの警戒感から、「国防権限法」を制定しました。アメリカ政府の情報システムの調達企業から、ファーウェイなど中国の先端技術企業5社（ファーウェイ、ZTE、ハイテラ・コミュニケーションズ、ハイクビジョン、ダーファ・テクノロジー）の部品を組み込んだ製品を締め出すことを決めたのです。5社の部品を組み込んだ製品を購入することが禁じられます。

さらに2020年8月からは、第2段階として、5社の部品を組み込んだ製品を社内で使用している世界中の企業とアメリカ政府機関との取引が禁じられます。

ということは、ファーウェイなどの部品を組み込んだ製品を使っている日本企業は、**アメリカの政府機関と取引ができない**事態に陥ります。

アメリカはあらゆる手段で情報流出を防ぐルールを定めたのです。そのうえで、同盟

国に対してもファーウェイなどの製品や部品を使わないでくれと申し入れました。アメリカが使用禁止を求めたのは、イギリス、カナダ、オーストラリア、ニュージーランドの4カ国です。この4つの国とアメリカは**「ファイブ・アイズ」（5つの目）と言って、情報機関同士の情報交換をしています**。いずれもかつてのイギリス連邦であり、アングロサクソンの国です。この5つの国で収集した情報を相互に提供しているのです。

アメリカが得た秘密情報をこれらの国に送っている。そこでファーウェイなどの部品を組み込んだ製品が使われていたら、それぞれの情報をカナダ経由やオーストラリア経由で中国へ送られてしまうのではないかということを恐れているのです。

アングロサクソンの国の情報機関同士の連帯の次にアメリカが重視しているのが日本です。アメリカは日本にもアメリカが得たさまざまな情報を伝えています。その情報がファーウェイを伝って中国へ送られたら大変だということで、**日本にも同様の対応を要求**しました。

困ったのが菅義偉《すがよしひで》官房長官です。アメリカの言うことを聞いて、携帯電話も含め、ファーウェイの製品を使わないでくれと本当は言いたい。しかし、いま日本は中国との関

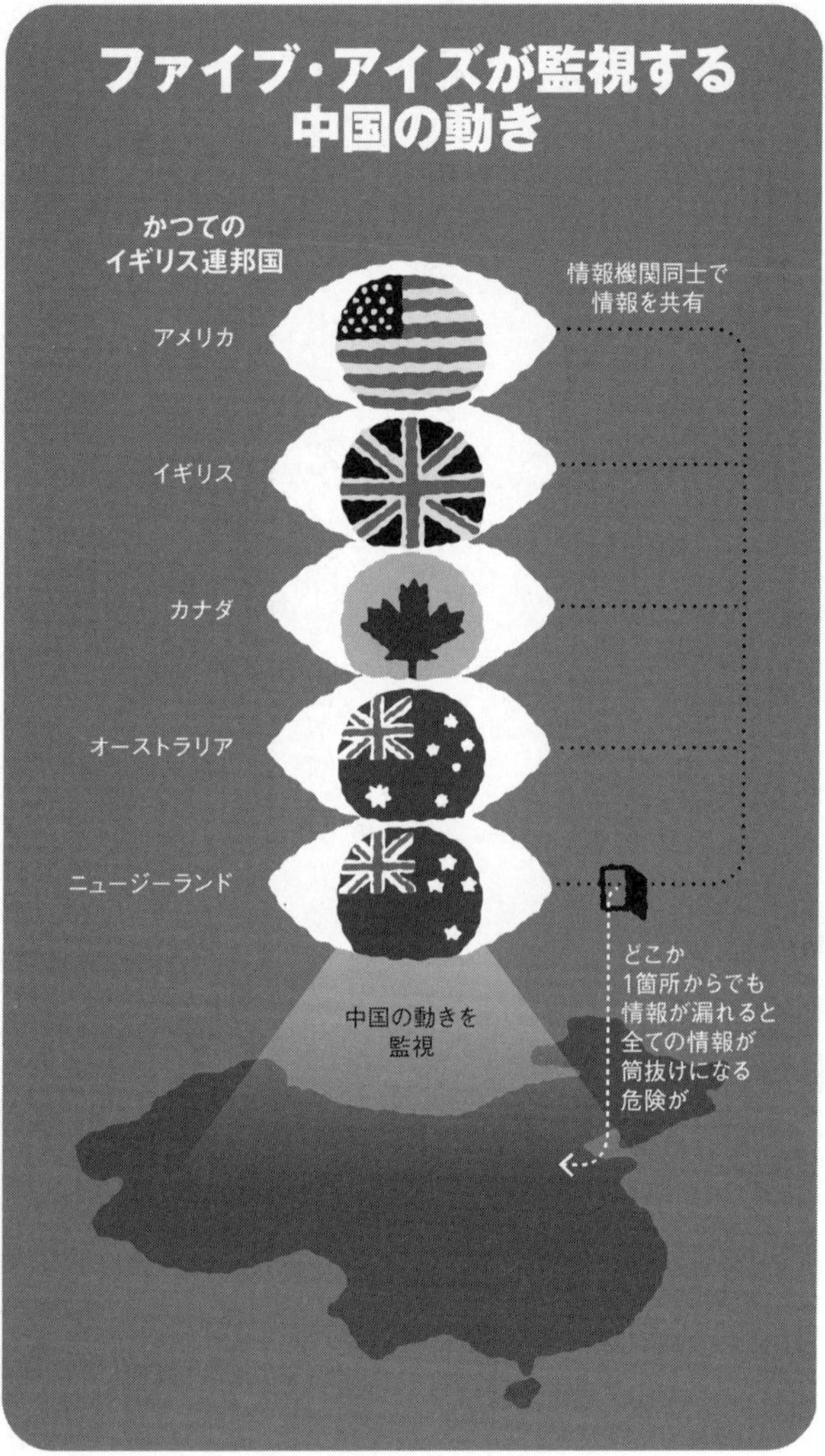
ファイブ・アイズが監視する
中国の動き
かつての
イギリス連邦国
情報機関同士で
情報を共有
アメリカ
イギリス
カナダ
オーストラリア
ニュージーランド
どこか
1箇所からでも
情報が漏れると
全ての情報が
筒抜けになる
危険が
中国の動きを
監視

係が急激に改善に向かっています。習近平国家主席が2019年に来日予定です。雪解けムードになっているところに中国製品を名指しで排除するとなると、関係悪化は避けられません。結果、菅官房長官は、固有名詞は出さず「日本の安全保障にとって危険があるような製品は使わないでほしい」という言い方をしました。

さっそく携帯電話大手3社は、次世代通信の基地局などに中国製品は使わないことになりましたが、米中貿易戦争の狭間《はざま》で、日本は辛《つら》い立場に立っています。

■南米ベネズエラがオランダ病？

ここでも米中が対立しているのではないか、というのは南米のベネズエラのことです。**ベネズエラの国民生活は破綻《はたん》状態です**。すでに国民の1割にあたる約300万人が難民となって周辺国家に逃げ出しています。何があったのでしょう。

ベネズエラといえば、20世紀に入り貧しい農業国から豊かな国に発展した国です。世界最大級の油田が発見されたからです。OPEC（石油輸出国機構）を組織しようと言

い出したのもベネズエラです。親米政権時はベネズエラの石油資源への利権をアメリカが握っていました。これを自国に取り戻そうと大統領になったのがウゴ・チャベスでした。反米姿勢を打ち出し、キューバのフィデル・カストロを尊敬して社会主義国家を目指しました。

チャベス政権の追い風となったのが、石油価格の上昇です。2008年には国際的な石油価格が1バレル140ドルを超え、ベネズエラは大いに潤いました。

大統領だったチャベスは、この**石油収入をもとに高度な福祉社会を目指し、バラマキ政策を行った**のです。

石油資源に恵まれていると、通貨が高くなるのですね。ということは輸入には有利ですが輸出には不利で、国内産業が育ちにくくなります。とりわけチャベス政権は貧困層のために食料などの価格を抑えこんだため、国内の農家などの生産意欲が低下し、ニンジン1本も輸入に頼る経済構造になっていました。

かつてオランダも北海油田《ほっかい》が見つかって急激に豊かになったとたん、国内産業が壊滅的になりました。これをイギリスの経済学者リチャード・アウティが**「資源の呪い」**と

名付けました。

このことから天然資源の輸出の拡大が国内の製造業を衰退させる現象をオランダ病といいます。ベネズエラはオランダ病にかかっていたのです。サウジアラビアやＵＡＥ（アラブ首長国連邦）も同様です。日本は資源がなかったおかげでオランダ病にはかからずにすみました。

■ベネズエラに「大統領が２人」

そのベネズエラに「２人の大統領」が誕生して、国が大混乱しています。**石油価格が下落してもチャベスはバラマキ政策を続けました**。バラマキ政策は簡単には止められないものです。当然、財政は悪化します。お金がないならどうするか。刷ればいい。刷りまくれば、お金の価値は下がります。一方で、輸入ができなくなり国内の需要を満たすことができなくなりました。**需要があるのに供給が減ると、インフレになります**。

ＩＭＦ（国際通貨基金）によればベネズエラの２０１８年のインフレ率は１０００万％。１０００万％と言われても、ちょっとピンときませんね。年初に１００円のものが年末には10億円になっていると言えば、おわかりいただけるでしょうか。

お金がなければ借金をすればいい。反米国家にアメリカはお金を貸しません。ベネズエラにお金を貸したのが、中国やロシアです。

負の遺産を置いて２０１３年３月、チャベス大統領ががんのため死去すると、後を継いだのが副大統領だったニコラス・マドゥロでした。マドゥロはチャベスに心酔していましたから、チャベス時代の政策を引き継ぎます。結果、国内経済は破綻。治安も悪化して国民が周辺国家に逃げ出しているというわけです。

そのマドゥロ大統領の任期は２０１９年１月９日までだったのですが、２０１８年５月に前倒しの選挙を実施しました。理由は「２０１９年１月まで待っていると負けそうだから」です。

このとき、マドゥロ大統領は対立候補になりそうな野党幹部を次々に捕まえて投獄して立候補できないようにしました。

選挙でマドゥロ大統領は再選を果たしたものの、**こんな選挙は認められない、大統領は不在というのが野党の主張**です。

そして2019年の1月10日、マドゥロ大統領の当初の任期が切れました。ベネズエラの憲法の規定では、「大統領が不在になった場合は、国会議長が暫定大統領に就き、30日以内に大統領選挙を実施する」ことになっています。

野党が多数を占めている議会は、国会議長のファン・グアイドを暫定大統領に任命しました。しかし最高裁判所の裁判長は、チャベスやマドゥロが任命しているためグアイドを大統領として認めませんでした。かくして大統領が2人になったのです。

「2人の大統領」のどちらを正式な大統領として認めるのか。**ロシアや中国はマドゥロを大統領と認めています**。ロシアも中国もベネズエラに莫大《ばくだい》な資金を貸しているので、マドゥロ政権が倒れたら貸したお金を取り戻せないと考えているからです。

ロシアは、マドゥロ大統領を守るために民間の軍事会社の要員100人を派遣したと伝えられました。民間の軍事会社というのは名目上のもので、要はロシア軍の特殊部隊です。クリミア半島を占領するときに絶大な力を発揮しました。

一方、**アメリカはグアイドを大統領と認めています。南米を自らの「裏庭」と考えるアメリカにとって、ロシアや中国と親密な反米国家は許せない存在だから**です。

しかしやっかいなのは、反米国家なのに石油を売っている最大の相手国がアメリカだったことです。アメリカは「もうベネズエラから石油は買わない」という経済制裁に出ました。これが大打撃となり、ベネズエラ経済が大混乱に陥っています。

アメリカはマドゥロ大統領を追い落とそうと「軍事力の行使」までちらつかせています。グアイドのバックには、アメリカがついています。グアイドはアメリカへの留学経験もあります。

アメリカ対中国・ロシアの代理紛争に国民が翻弄《ほんろう》されている、それが現在のベネズエラです。

■次の大統領選挙で注目の候補者

アメリカ大統領選挙など、まだまだ先の話だと思っているかもしれませんが、

2020年2月から民主党の大統領候補を選ぶ予備選挙が始まります。

いまアメリカでは次々に候補に名乗りを上げる人が出てきています。なかなか立候補の意思を表明しませんでしたが、2019年3月14日、ついに正式に大統領選挙への立候補を表明しました。

私が注目しているのはテキサス州出身のベト・オルークです。

下院議員を3期務め、2018年の中間選挙ではテキサスの上院議員選挙に立候補しました。伝統的に共和党が強いテキサス州で現職のテッド・クルーズと上院議員の議席を争い、注目を集めました。敗れはしましたが、保守地盤にもかかわらず僅差《きんさ》まで追い上げて、全米の民主党支持者を興奮させた人物です。

現在46歳の彼は、弁舌爽《さわ》やかでアイルランド系白人ながらオバマ2・0などと呼ばれています。「ベト」というのはスペイン語でのニックネームです。本当はロバート・オルークという名前なのに、ヒスパニック票を意識して「ロベルト」と言い、ニックネームのベトだけにしています。テキサスではヒスパニックの人口がどんどん増えているからです。

もう一人の注目はバーニー・サンダースでしょうか。前回の大統領選挙でヒラリー・クリントンと民主党の大統領候補を争って敗れた人物です。確かに「サンダース待望論」はありますが、彼は現在77歳。仮に大統領に当選したらすぐに80歳になります。大丈夫なのでしょうか。

マレーシアで92歳のマハティール・ビン・モハマドが首相に返り咲いたという例もあるものの、アメリカ大統領の責任の重さや激務であることを考えると……。さて、2020年のアメリカ大統領選挙、トランプ大統領の再選に立ちはだかるのは誰なのか。

■本命はバイデン？　異例の混戦

2019年4月25日、民主党のジョー・バイデンが2020年アメリカ大統領選挙への出馬を正式に表明しました。バイデンは上院議員を6期（36年間）、オバマ政権では副大統領を務めた人物で、予備選候補を対象にした世論調査では支持率トップです。左派のサンダースとは異なり、中道・穏健派の代表格として民主党支持層の間では安定し

た支持を保っていて、現時点では〝民主党の最有力候補〟と目されています。

バイデンはツイッターに「この国の核となる価値、世界におけるわが国の地位、民主主義そのもの、アメリカをアメリカたらしめる全てが懸かっている」と投稿し、ドナルド・トランプ大統領を批判しました。

出馬表明後のアメリカ政治専門サイトのリアル・クリア・ポリティクスの世論調査では、バイデンがトランプの対抗馬に選ばれた場合の支持率は、トランプを上回っています。ただ、ネックとなるのは高齢（76歳）。また複数の女性から「過去に不適切な接触をされた」と訴えられており、セクハラ問題も浮上しています。

さらに、今回台風の目になりそうなのが、インディアナ州サウスベンドのピート・ブーティジェッジ市長37歳です。彼はこれまでに立候補を表明した中では最も若く、7カ国語を操る超エリートです。徴兵逃れ疑惑があるトランプ大統領に対し、ブーティジェッジはアフガニスタン戦争に従軍経験もあります。何より、候補者で初めて同性愛者であることを公言したことで、注目も支持率も急上昇しました。

野党・民主党候補には、これまでに男性15人、女性6人が名乗りを上げており

（2019年5月初旬現在）、まれに見る混戦が予想されます。2020年11月のアメリカ大統領選挙では、トランプ大統領の再選を阻止できるのか。早くも戦いは始まっています。

第2章　揺らぐヨーロッパ、ＥＵは夢だったのか

■「自国ファースト」はイギリス発

「自国ファースト主義」の流れは、実はアメリカよりイギリスが先でした。**EU（欧州連合）からの離脱劇、「ブレグジット（Brexit）」がそれです。**

イギリスでEU残留の是非を問う国民投票が実施され、「残留派48・1％、離脱派51・9％」の僅差《きんさ》で離脱派が勝利したのは2016年6月のことでした。

なぜイギリスはEUから出たかったのか。**東西冷戦の終結が背景にあるのです。**

第2次世界大戦後の世界の対立構造は単純でした。世界がソビエト社会主義共和国連邦（ソ連）をリーダーとする東側（社会主義）陣営とアメリカをリーダーとする西側（資本主義）陣営とに分かれ、それぞれが結束を強めていきました。東西冷戦の時代です。東ヨーロッパはそこだけで「COMECON（コメコン・経済相互援助会議）」という経済圏をつくり、資本主義経済圏とは隔絶されていて**相互間の貿易はありませんでした。**

一方、西ヨーロッパの国々は、互いに二度と戦争を起こさないようにするにはどうしたらいいかを模索しました。それには**国境をなくしたらいい**。

最初はドイツとフランスの紛争の火種となった国境のアルザス・ロレーヌ地方の石炭と鉄鉱石を、国家を超えて共同管理しようという試みから始まりました。「欧州石炭鉄鋼共同体（ＥＣＳＣ）」、これがＥＵの起源です。

その後、経済統合を進める欧州経済共同体（ＥＥＣ）となり、原子力エネルギーの共同管理のための欧州原子力共同体（ＥＵＲＡＴＯＭ）が設立され、１９６７年には、この３団体の主要機関を一体化させるべく、現在のＥＵの前身である欧州共同体（ＥＣ）が発足したのです。

■冷戦終結後、東側諸国も参加へ

ＥＣ統合は、あくまで経済分野での協力が中心でしたが、**１９８９年、東西冷戦が終結するとヨーロッパは新たな局面を迎えます。**

1992年、欧州連合＝EU創設を定めた「マーストリヒト条約」が締結され、通貨統合の計画や、通貨統合参加に対する国内経済の基準が定められて、**共同体の中に東側諸国が入ってくる**のです。

東ヨーロッパの国々は社会主義経済体制でしたから賃金が安い。一方で教育には力を入れていたので質のいい労働者がいます。西ヨーロッパの経営者にとっては好都合です。なので、旧共産圏の国々がEUに加盟することを歓迎しました。また、ドイツに本社を置く自動車メーカーのフォルクスワーゲンがスロバキアに進出するなど、人件費の安い国にどんどん工場をつくっていきました。ここまではよかったのです。

東ヨーロッパに住む人にしてみたら、自分の国に工場ができるのを待っていることはありません。同じヨーロッパ内では移動の自由、移住の自由があります。EU加盟国の国籍を持つ人は自由に加盟国間の国境を渡り、働いたり住んだりすることができます。となると、「もっと賃金が高い国で働こう」と考えます。**東ヨーロッパの国々から西ヨーロッパの国々へ、どっと人が流れ込みました。**とりわけ、ポーランドの人たちが大挙して出稼ぎに向かったのがイギリスです。

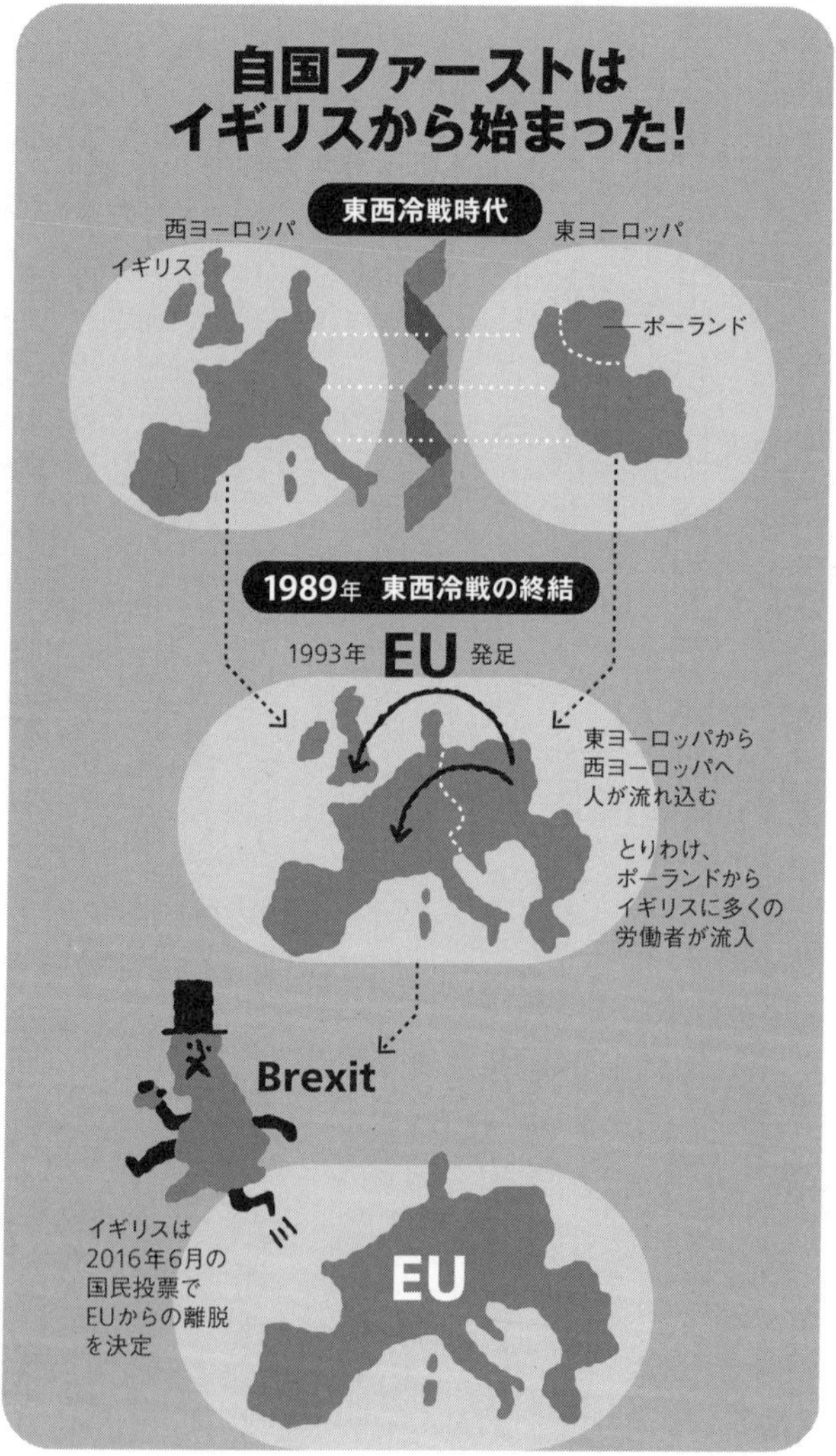
自国ファーストは
イギリスから始まった!
東西冷戦時代
西ヨーロッパ
東ヨーロッパ
イギリス
ポーランド
1989年 東西冷戦の終結
1993年 EU 発足
東ヨーロッパから
西ヨーロッパへ
人が流れ込む
とりわけ、
ポーランドから
イギリスに多くの
労働者が流入
Brexit
イギリスは
2016年6月の
国民投票で
EUからの離脱
を決定
EU

というのも、ポーランドには悲しい歴史があるからです。ナチス・ドイツとソ連によって両側から占領されて国がなくなったことがあったのです。このとき政権は国外に逃れ、ロンドンに亡命政府をつくって国内の抵抗運動を指揮しました。いまもイギリスにコミュニティがあるので、それを頼りに「イギリスへ行こう」となるのですね。ポーランド人は建設作業や農作業など、イギリス人がやりたがらない仕事を低賃金でも喜んで引き受けます。

ポーランドと西ヨーロッパ諸国では、賃金に5〜10倍の開きがあるといわれています。低賃金でも祖国に仕送りすると、故郷に豪邸が建つくらい所得格差が大きいのです。

ポーランドがEUの仲間入りをしたのは2004年のことですが、以降、**200万人ものポーランド人が出稼ぎ目的でイギリスへ移住したと**いいます。

■投票後「EUって何?」と検索したイギリス人

イギリス人にしてみれば、「ポーランドの労働者に仕事を奪われる」という危機感が

生まれます。他にも、被害者意識を持つ理由がありました。

イギリスという国は医療保険制度が充実していて、誰でも無料で診てもらうことができます。もちろんポーランドからの労働者もタダです。でも、そもそも医療費は誰が負担しているのかといえばイギリス人です。当然、不満が高まります。

日本でも、不法滞在のベトナム人女性が、妹が日本で働いていたときの国民健康保険証を使い、ＨＩＶ（ヒト免疫不全ウイルス）の治療を受けていたという不正利用が明らかになりました。治療期間は2年以上にわたり、かかった費用は総額１０００万円以上。でも、日本には高額療養費制度があるので安く治療できます。日本の健康保険証には顔写真がないので、不正に利用しようと思えば簡単にできてしまうのですね。

移民の急増だけが不満だったわけではありません。**ＥＵに入っていればＥＵの決まりを守らなければなりません**。かつてＥＵには「過度に曲がったバナナを売ってはならない」などといった細かい規定がありました（２００9年に撤廃）。欧州委員会が定めた細かい規定にはうんざり、**自分の国のことは自分たちで決めたい、イギリスに主権を取り戻したい**。

とくにＥＵからの離脱を望んだのは高齢者です。というのも、病院へ行くのは高齢者が多い。病院ではポーランド語が飛び交っています（いるように見えました）。高齢者にしてみれば「昔はよかった」と移民に対する反感を募らせていくわけです。一方、若者はというと、物心ついたころからＥＵの一員で、離脱など考えられません。ＥＵ域内の大学なら自由に行き来ができるし、ＥＵはイギリス国民にとってなくてはならないもの。よって、国民投票でまさか離脱派が勝つという投票結果になるわけがないと高をくくって投票に行かなかったと言われます。**高齢者の投票率は高く、若者の投票率が低かったことが、離脱派が勝利する一因**となりました。投票結果が出た後、グーグルの検索では「ＥＵって何？」とか「ＥＵ離脱が意味することは？」とか、ＥＵに関する質問が上位に入ったそうです。つまりイギリス国民の中には、**ＥＵのことをよく知らないまま、一時の感情だけで「離脱」に投票した人が多い可能性がある**ということです。

ブレグジット推進派で「イギリスさえよければいいのだ、ＥＵにいるからこんなことになるんだ」と人々を煽《あお》ったイギリス独立党（ＵＫＩＰ）ですら、まさか離脱が決まるとは思っていなかったのでしょう。慌てた独立党のナイジェル・ファラージ党首は、

「自分の役割は果たした」と辞任を表明しました。思いもよらない結果になり、一時逃げ出してしまったのです。

■EUの〝イギリスいじめ〟が始まった

実際に離脱交渉に入ると、**露骨な〝イギリスいじめ〟が始まりました。**まずは「手切れ金」です。「出て行くなら、EU分担金を払ってから出て行け」というわけで、日本円にして最大で5兆6000億円を支払うことになりました。

最大の問題は、北アイルランドの国境管理問題です。かつてアイルランドはイギリスの植民地でした。1801年にイギリスがアイルランドを併合。アイルランドが正式にイギリス連邦から離脱したのは1949年のことです。

ただし、現在のイギリスの正式名称は「グレートブリテン及び北アイルランド連合王国」となっていますね。なぜアイルランド北部だけがイギリスなのかというと、イギリスの植民地時代にアイルランド島の北部（＝北アイルランド）には、イギリス本土から

大勢が移り住んだことが原因です。

もともと**アイルランドはカトリック、イギリスはプロテスタント、宗教が違います。**アイルランドがイギリスから独立したとき、プロテスタントの多い北部の6州（人口の3分の2がプロテスタント）はイギリス領として残ったのです。北アイルランドに取り残された形の3分の1のカトリック教徒たちは、自分たちはアイルランド人だという思いを強くします。やがてアイルランドとの一体化を求めて、独立運動を展開していくのです。

中でも過激派はＩＲＡ（アイルランド共和軍）を組織し、「我々、北アイルランドはアイルランドと一緒になるべきだ」とイギリスに対する武装闘争を開始します。

これは大変だというので、当時のマーガレット・サッチャー首相は、北アイルランドの制圧にイギリス軍を投入しました。

するとロンドン中心部でも爆弾テロが起きるようになりました。エリザベス女王も、サッチャー首相も命を狙われました。

こうなるとプロテスタントも黙ってはいません。「我々はイギリスに留《とど》まるべきだ」

と、プロテスタントの過激派が生まれます。彼らは「アルスター義勇軍（アルスター防衛協会）」を結成し、ＩＲＡの活動家を暗殺するのです。北アイルランドのことをイギリス側からはアルスター地方と呼びます。アルスター義勇軍の活動は、「北アイルランドはイギリスなのだ」という主張です。

　血で血を洗う激しい紛争が続き、３５００人以上が殺されました。

　しかし、１９９８年に和平合意が成立しました。北アイルランド情勢が安定したのにはいろいろな理由がありますが、一番大きな理由は、**イギリスとアイルランドの双方がＥＵに入ったこと**があります。ＥＵに入ったことで、北アイルランドとアイルランドの**国境管理がなくなり、お互いが自由に行き来できる**ようになりました。家は北アイルランドにあるけれど、農場はアイルランドにあるといった人もいて平和になったのです。

　ところがイギリスがＥＵから離脱するとなると、アイルランドはそのままＥＵに残りますから、北アイルランドとアイルランドの間には再び国境線が生まれます。となると、北アイルランドにいるカトリック教徒たちがまた怒り出して、**北アイルランド紛争が再燃しかねません。**すでにＩＲＡから飛び出した「真のＩＲＡ（ＲＩＲＡ）」という過激

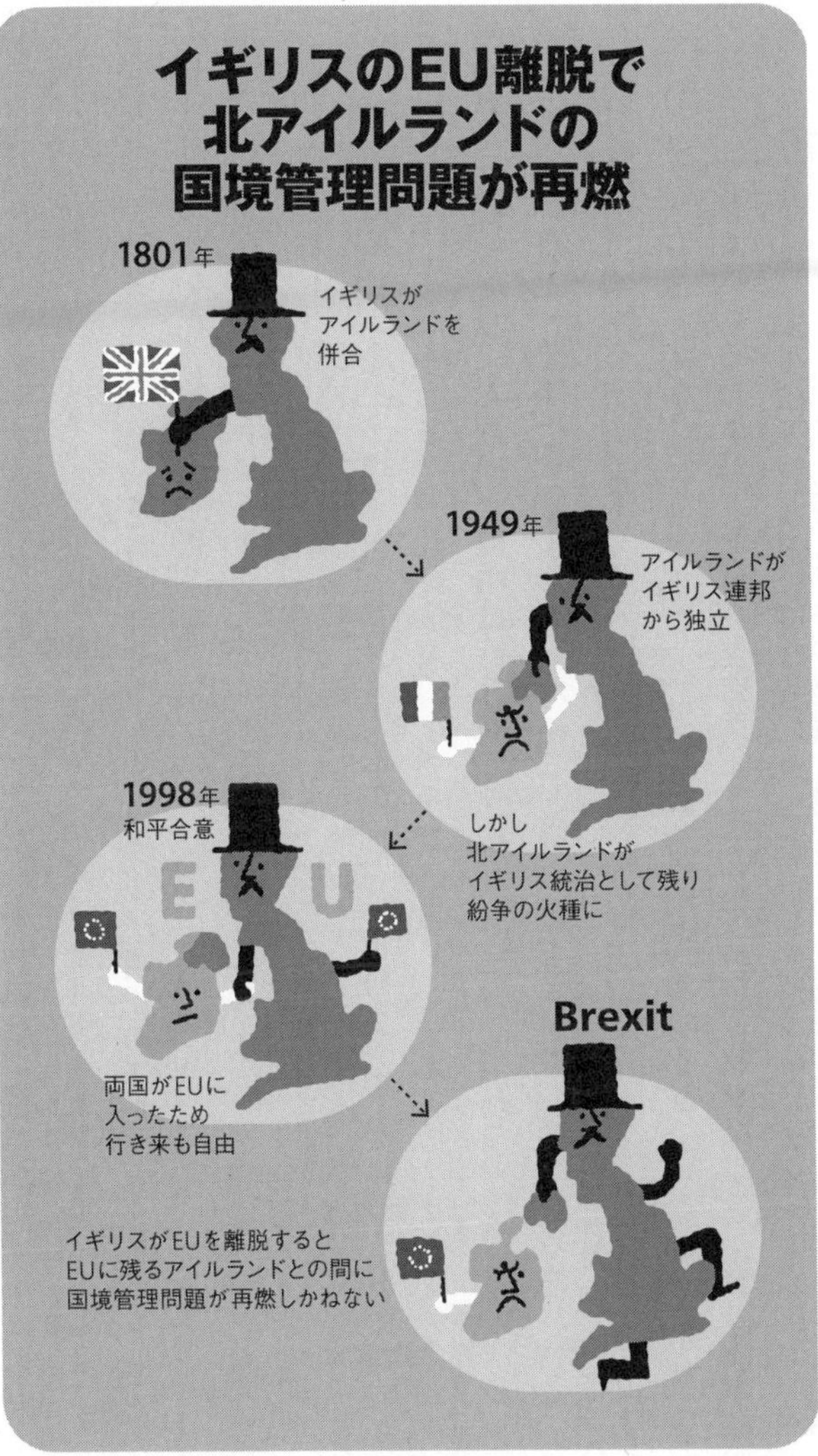

イギリスのEU離脱で
北アイルランドの
国境管理問題が再燃
1801年
イギリスが
アイルランドを
併合
1949年
アイルランドが
イギリス連邦
から独立
しかし
北アイルランドが
イギリス統治として残り
紛争の火種に
1998年
和平合意
E U
両国がEUに
入ったため
行き来も自由
Brexit
イギリスがEUを離脱すると
EUに残るアイルランドとの間に
国境管理問題が再燃しかねない

派のテロが始まっています。

北アイルランド紛争の地・ウエストベルファスト地区には、いまでもあちこちに壁があります。カトリック系住民とプロテスタント系住民が壁をつくって住み分けているのです。

アイルランド出身のロック・バンドであるＵ２に「Sunday Bloody Sunday（血の日曜日事件）／１９８３年」という曲があります。デモ行進中の北アイルランドのカトリック系住民をイギリス軍が襲撃した痛ましい事件を描いた作品です。最近は、イスラム教徒のスンニ派とシーア派のもめごとばかりがクローズアップされていますが、キリスト教徒もカトリックとプロテスタントで殺し合った歴史があるのです。

■「関税同盟」に留まる案

イギリスのテリーザ・メイ首相としては、イギリスはＥＵから離脱するけれど、北アイルランドとアイルランドの国境線は特別だから国境管理をしないことで丸く収めよう

としました。

メイ首相がＥＵと取り交わした離脱協定案というのは、**アイルランドとの国境問題について２０２０年末までに解決策を出すまでの間、イギリスはＥＵの関税同盟にそのまま留まる**というもの。つまり、これまで通りＥＵ各国との間では関税をかけるのをやめようというものです。しかし、そもそもＥＵに留まるのがイヤだという離脱派は、関税同盟に留まれば引き続きＥＵの決めたルールに従うだけになる、そんなことはとんでもないと主張しました。

結局、意見がまとまらず、**結論は２０１９年10月末まで先送り**されました。

■イギリスのＥＵ離脱のゆくえ

イギリスがＥＵから離脱した末には、どういうことが考えられるのか。

ロンドンにはシティという金融街があります。ニューヨークのウォール街と並ぶ世界の金融の中心です。世界の金融機関は、ＥＵ域内のどこか一国で免許（単一パスポー

ト）を取得すれば、ドイツでもフランスでも域内のどこででも営業ができる仕組みになっています。よって、日本の金融機関も多くがシティに事業拠点を構えていました。しかし、離脱すればこのパスポートは失効します。イギリス国内でしか営業ができなくなるため、日本の金融機関は拠点をドイツのフランクフルトへ移したり、フランスのパリへ移したりと**イギリスから逃げ出しています。**

それだけではありません。離脱後は**イギリスとＥＵとの間の輸出入には、すべて関税がかかるようになります。**

イギリスとフランス間をユーロスターという高速鉄道が走っています。ドーバー海峡トンネルを通って、イギリスとヨーロッパ大陸を結ぶ国際列車です。ユーロスターは現在、イギリスの運行免許しか持っていません。ＥＵはそれぞれの国で免許があればＥＵ加盟国全部で使えるのですが、離脱するとユーロスターはフランスに乗り入れができなくなります。

ドーバー海峡トンネルでは、税関検査もなく大量の物資が行き来していますが、離脱するとトンネルのどこかで一つひとつ品物の検査をしなければならなくなります。

ヨーロッパ大陸から部品を輸入してイギリスで組み立てていた自動車工場は、部品がなかなか入ってこなくなるばかりか、コストが上昇することになります。日産自動車が新車種の製造を英国サンダーランド工場から日本に切り替えると発表しました。日産に続きホンダ（本田技研工業）もイギリスにある工場を閉鎖するといいます。

イギリスの産業空洞化が進むことは避けられないでしょう。

■極右が伸長するヨーロッパ

移民労働者に反感を抱いているのは、イギリスだけではありません。**ヨーロッパは難民・移民問題に揺れています。**

ドイツは、もともとトルコからの移民が多い国です。アンゲラ・メルケル首相は、「第2次世界大戦が始まってしまったのはナチスの過激な人種主義によるユダヤ人の迫害が原因だった。ホロコーストという悲劇を許した」という反省から、多くの**少数民族や困っている難民を受け入れようという決断**をしました。

シリアからの難民を含め、100万人もの難民を受け入れたのです。100万人の難民を受け入れればその中には犯罪者も出てきます。2018年8月、ドイツ東部で難民申請者として入国した中東出身の男らが、ドイツ人男性を殺害する事件がありました。これに対して「難民を受け入れるからこんなことになるんだ」という声が広がりました。この事件が発端となって、難民や移民を排斥しようというわゆる新しいナチズム（＝ネオナチ）、ナチスとそっくりな団体がいまドイツで急速に支持率を伸ばしています。

ドイツでは、ナチスのシンボルであるカギ十字を掲げたり、人種差別的なメッセージを打ち出したりすることは法律で禁じられていますが、これまでにないようなネオナチの大集会がドイツ各地で行われています。

2018年9月には、スウェーデンで議会総選挙がありました。私たちはスウェーデンというと、「福祉国家」という良いイメージを持っています。それはその通りなのですが、この選挙で最大の争点になったのが積極的に受け入れてきた移民や難民の問題です。

シリア内戦を逃れ、スウェーデンに押し寄せた難民の数は16万人を超えます。当然、

最初は寛容に受け入れていたのですが、急増する難民は福祉や医療の大きな負担になります。移民や難民は、スウェーデンの人たちが納めた税金でつくられている社会保障にタダ乗りをしているという不満が急激に高まり、反移民・難民を掲げた右派の「スウェーデン民主党」という極右政党が勢力を伸ばしました。

ヨーロッパが急激に閉鎖的になってきています。

北欧では、これまでは街で黒人を見かけることなどなかったのですね。自国民の白人ばかり、だから理想主義で大量の難民を受け入れた。

そうしたら中東からの難民の中には「寒すぎる」「豪華なマンションに入れると思って来たのに、なぜ俺たちを差別するんだ」と不満を言い出す人もいます。日本ではほとんど報道されていませんが、スウェーデン政府はあまりに大量の難民が来たため受け入れ先に困り、豪華客船を港につけて収容したのです。そこまでしているのに不平不満を言う。挙句の果てに難民が暴動を起こし、警察車両へ放火したりしました。

難民に対する反感も広がっているのです。

■ドイツ、フランスの「ダブルM」の支持率急落

すっかり寛容さをなくし、瓦解《がかい》しそうなヨーロッパ。それを一生懸命つなぎとめようとしているのが、ドイツのメルケル首相とフランスのエマニュエル・マクロン大統領です。**ヨーロッパの再生は、メルケル・マクロンの「ダブルM」に託されていました。**

しかし、ドイツでは難民・移民政策を巡る内部対立が痛手となり、メルケル首相率いるドイツキリスト教民主同盟（CDU）の支持率が過去最低に落ち込みました。メルケル首相は党首を辞任すると発表しました。

フランスのマクロン大統領もメルケル同様に支持率の低下が止まりません。というより、マクロンは、もともと支持率はそう高くなかったのですね。極右政党「国民戦線（現在の国民連合）」のマリーヌ・ルペンを勝たせるわけにはいかないという消去法で大統領に選ばれたともいえます。

マクロンの経済改革は大企業や富裕層優遇だと批判されました。

マクロンの考え方はこうです。「フランスは労働者の権利が守られ過ぎている。クビ

にならない。労働者がクビにならないから若者が就職できず、失業率が高いのだ。だからもっと労働者の流動性を高くすれば、短期的には問題かもしれないが、長い目で見ればフランス経済のためになる」。

富裕層を優遇する税制改革を行ったのも、「富裕層に高い税金をかけたらみんなベルギーへ逃げてしまう。国外へ逃げられるくらいならフランス国内に留まって税金を払ってもらったほうがいい」。

あるいは燃料税を引き上げようとしたのは、「燃料の消費を減らして温暖化をストップさせよう。地球温暖化対策のためには電気自動車だ」。

これらがことごとく庶民の反感を買いました。

燃料税の引き上げへの抗議をきっかけに始まったのが「黄色いベスト運動」です。フランスでは何かあったときのために、全車両が視認性の高い蛍光黄色のベストを車内に搭載するよう法律で義務付けられています。パリなど都市部は公共交通機関が発達していますが、田舎へ行くと車がないと移動できません。つまり黄色いベストはトラック運転手や、田舎の労働者のシンボルなのです。彼らは都市部と地方の格差に不満を募らせ

庶民が立ち上がった
フランスの黄色いベスト運動
フランス
マクロン大統領
富裕層・経営者
優遇
理想主義
エリート意識と
上から目線
温暖化対策として
燃料税引き上げ
労働者から
富裕層への反発
黄色いベスト運動
燃料税
引き上げへの
抗議
マクロンの求心力が
低下し続けている

ています。

マクロンは正真正銘、エリート中のエリートで富裕層に属します。デモに参加する年金生活者や低賃金で働く労働者の気持ちを理解できていたのでしょうか。

■だからマクロンは嫌われる

大統領就任当初は19世紀のルイ・ナポレオンより1歳若く、史上最年少で大統領にと期待されましたが、ベテランの政治家は次々とマクロンのもとを去っていきました。マクロンが嫌われる理由は、ずばり、**エリート意識と「上から目線」です**。

話題になった動画があります。マクロンが支持者のところへ行って握手をしていたら、中学生の少年が「マニュ、調子はどう?」と愛称で声をかけたのです。これにムッとしたマクロンが「大統領と呼びなさい」と注意する映像がインターネット上に広がったのです。

マクロンの演説にはときどきラテン語が交じります。庶民には理解できないし、ある

いはカチンとくるのでしょう。

２０１８年11月11日、マクロン大統領は第１次世界大戦終結から１００年を記念する式典で、アメリカのドナルド・トランプ大統領やロシアのウラジーミル・プーチン大統領などが参列する中、演説を行いました。その中で「自国利益が最優先で他国のことなど構わない、というナショナリズムに陥るのは背信行為だ。いま一度、平和を最優先にすると誓おう」と訴えました。

おっしゃることはごもっとも。でも庶民からすると温度差を感じるのでしょう。

いま世界では、**反グローバリズム、反エリートのムードが高まっています**。明らかに逆風が吹き、苦境に立たされるマクロン政権は崖《がけ》っぷちです。まさかマリーヌ・ルペン大統領の誕生などありえないとは思うのですが。２０１９年4月28日に投票が行われたスペイン総選挙では国政に進出した極右政党「ＶＯＸ（ボックス）」が驚異の躍進を果たしました。同党が掲げているのは「スペインを再び偉大な国に」です。

■マケドニア共和国で国名改称の大問題

ＥＵから出たい国もあれば、入りたい国もあります。バルカン半島の小国マケドニアです。マケドニアはギリシャの北にある国。マケドニア王・アレクサンダー大王が支配した国の名です。

旧ユーゴスラビアの一部でしたが、解体した後、マケドニアは国家として独立しました。これに対し、南隣のギリシャが「許せない！」と猛反発しました。「マケドニアは我々ギリシャの歴史上の名前だ。勝手に名乗るな」というわけです。

紀元前4世紀のマケドニアは、いまのギリシャ（北側）とマケドニアにまたがっていました。以前は旧ユーゴスラビアの一自治共和国だったからギリシャは何も言いませんでしたが、「国」となれば話は別です。

１９９３年にマケドニアが国際連合に加盟するとき、ギリシャが猛反対をした結果「マケドニア旧ユーゴスラビア共和国」という名前で加盟を果たしました。

しかしＥＵにマケドニアの名前で加盟することには、頑として反対してきました。ギ

リシャの反対で、西側の一員になれないままだったのです。

そこでマケドニア政府がギリシャ政府と交渉をして、「北マケドニアという名前に変更する」と折れました。ギリシャ議会は譲歩し「それならEUやNATO（北大西洋条約機構）に加盟することに反対しない」と表明しました。

この「国名を北マケドニアに変更すること」の賛否を問う国民投票が2018年9月に行われました。国民投票の結果に拘束力はありませんが、実際に改称するためにはマケドニア憲法を改正しなければなりません。そのためには議会で3分の2の賛成が必要です。国名を改称するなら、まずは国民の意見を聞こうというわけで、投票の結果、賛成が90％を超えたのですが、投票率は約37％にとどまりました。

国民投票の結果が効力を発揮するには50％以上の投票率が必要と定められていました。結果的に国民投票は無効となりましたが、政府は国名を変更することにしたのです。しかし、この過程でロシアが介入し、フェイクニュースで反対をあおったと言われています。

ユーゴスラビアを構成していたのはスロベニア、クロアチア、ボスニア・ヘルツェゴ

ビナ、セルビア、モンテネグロ、マケドニアです。

ユーゴスラビアが解体後、この中からすでにスロベニア、クロアチアがEUの仲間入り。モンテネグロはNATOに加盟しています。

そもそもユーゴスラビアとは「南スラブ人の国」という意味。ロシアの主流民族である東スラブ人とは同類です。それがロシアの影響下から離れてEUやNATOに入るのは許せない。だから、「マケドニアを認めない」と言っているギリシャ人たちを扇動したというのです。

ギリシャとロシアにはある共通点があります。そう、東方正教です。ロシアの仮想敵国はEUであり、アメリカ。**バルカン半島にEUやアメリカの影響力が及ぶことにロシアは警戒心を高めている**のです。

■あのフェイクニュースはロシアが？

ちなみに、2016年のアメリカ大統領選挙で、「ヒラリー・クリントンが『(自称)

イスラム国（ＩＳ）』に武器を提供していた」とか「ローマ法王がトランプを支持」とかいったトランプに有利なフェイクニュースが多く流れました。ニュースの発信源はマケドニアで、政治には興味のないマケドニアの10代の若者たちが金儲《かねもう》けのために勝手にやったことだと考えられていました。ところが最近になり、**仕掛けたのはロシアではないかという疑惑**が出てきました。

今回のマケドニアの国民投票の際も「ＥＵやＮＡＴＯに加盟すると自主性が奪われる」「国の分裂につながる」といったフェイクニュースを流していると言われています。

バルカン半島が再び「火種」にならなければいいのですが。

第3章 サウジの焦り、したたかイラン、イスラム世界のいま

■変わる中東のパワーバランス

アメリカのドナルド・トランプ大統領が中東への関与を希薄化させたことで、中東のパワーバランスに変化が生じています。

2018年5月、**トランプ大統領はイラン核合意から離脱すると表明**しました。「イラン核合意」とは、イランが行っていた核開発を大幅に制限する代わりに、関係国がイランに対する経済制裁を解除するという取り決めです。2015年、アメリカ、イギリス、フランス、ドイツ、中華人民共和国、ロシアの6カ国が、イランと最終合意しました。

中心的な役割を果たしたのが、当時のアメリカ、バラク・オバマ大統領です。

もともとイランは中東で孤立しやすい立場にあります。アラブ人が多い中東にあって、**イランはペルシャ人の国**です。また、イスラム教の宗派は大きく分けると、スンニ派とシーア派に分かれ、その割合は「スンニ派85%、シーア派15%」といわれる中で、**イランは少数派のシーア派の代表的な国**なのです。

ちなみにペルシャ帝国の国教は、ゾロアスター教でした。イスラム教徒に征服されたとき、イスラム教へ改宗が進んだのです。

こうした歴史から〝自分たちは特別〟という意識があります。イラン革命（1978年1月〜）以降、反米国家となったイランは、中東最大のアメリカの同盟国イスラエルを敵視し、アメリカ追従型の外交政策をとってきた**スンニ派の大国・サウジアラビアとも関係はよくありません**。

ですから、アメリカのオバマ大統領がイランと核合意をしたとき、イスラエルのベンヤミン・ネタニヤフ首相との関係は過去最悪といわれました。しかし、イスラエルの言うことを何でも聞くトランプ大統領になると、アメリカはイラン核合意から離脱。トランプの娘婿ジャレッド・クシュナーは敬虔《けいけん》なユダヤ教徒ですから、イスラエルとの関係はみるみる改善しました。アメリカというよりは、トランプ・ファミリー全体がイスラエルと親密な関係にあります。

トランプ大統領は2017年12月、**エルサレムをイスラエルの首都として承認**し、アメリカ大使館のエルサレムへの移転を指示しました。さらに2019年3月、シリア南

トランプが壊した
中東のパワーバランス
トランプ
大統領
エルサレムへの
米大使館の移転
ゴラン高原の
主権がイスラエル
ロシア
トルコ
イスラエル
中東の
バランス
スンニ派
アラブ諸国
イラン中心の
シーア派

部のイスラエル占領地・**ゴラン高原に対するイスラエルの主権を認定する宣言に署名**しました。ゴラン高原は1967年の第3次中東戦争で、イスラエルが占領したシリアの領土です。

アラブ諸国のみならず、世界各国は、「イスラエルの占領下にあるゴラン高原の帰属はシリアにある」とアメリカを批判しています。日本政府ですら、アメリカの方針を認めていません。**シリアのバッシャール・ハーフィズ・アル＝アサド政権を支援するロシアやイランとの緊張はさらに高まっています。**

いまの中東の勢力図をざっくり説明するなら、アメリカ＋イスラエル＋スンニ派アラブ諸国が**「イラン包囲網を築こう」としている**のに対し、シーア派＋ロシア＋トルコ共和国がイランの味方なって対抗しています。

■イスラエルは「ユダヤ人の国」と国会が法律可決

トランプはそもそも中東には関心がありません。アメリカはシェール革命により、石

油生産量はサウジアラビアを抜いて世界第1位になりました。もう中東に頼る必要はない。アメリカにしてみれば、イスラエルさえ守ればいいのです。

アラブ諸国の中で、イランは孤立しがちと述べましたが、それはイスラエルも同じです。

2018年7月、イスラエル国会はイスラエルを「ユダヤ人の国」と規定する法律を賛成多数で可決しました。

イスラエルという国が建国されたとき、そこにはパレスチナ人（アラブ人）が住んでいました。中東戦争をきっかけに難民となったパレスチナ人もいますが、そのまま留《とど》まってイスラエル国籍を持っているアラブ人も大勢います。現在はユダヤ人のほうが多いのですが、イスラエル市民権を持つアラブ人は出生率が高く、このままだと**いずれイスラエルはアラブ人のほうが多くなってしまいます**。そのため**ユダヤ人たちが危機感を持ち、あらためて国会で「イスラエルはユダヤ人の国」と法律に明記**することにしたのです。

となると、イスラエルに住んでいるアラブ人は市民ではないということでしょうか。

そもそもユダヤ人とは、ユダヤ教徒のことです。イスラエルへ行ってみるとわかりますが、白人もいれば黒人もいます。アジア系も見かけます。

いまから2000年前、ユダヤの王国はローマ帝国によって滅ぼされました。ローマ人によって追い出されたユダヤ人は国境を越えて世界中に離散していきます。これを「ディアスポラ（離散）」といいます。散らばったユダヤ人は、ヨーロッパへ行った人もいれば、アフリカへ行った人、アジア（中国）へ行った人もいるのです。

ちょっと話は変わりますが、世界3大宗教とは「キリスト教」「イスラム教」「仏教」です。その定義は信者が多い宗教トップ3ではありません。数だけでいえばヒンズー教徒は多い（世界で第3位）のですが、インド周辺のみに留まっているので世界宗教にはなっていません。ユダヤ教も、古い宗教ですが世界宗教ではないのです。

つまり**3大宗教とは、地理的・民族的な壁を越えて世界中に広まっている宗教**です。

ユダヤ教が世界宗教にならないのはなぜか。それは、改宗するのが難しいからです。キリスト教徒になるのは簡単です。洗礼を受ければいいのです。イスラム教徒になるのはもっと簡単。イスラム教徒の男性2人を証人に立て、その男性たちの前で「アラーの

他に神はなし、ムハンマドは神の使徒なり」とアラビア語で3回唱えればいいのです。しかしユダヤ教徒になるには、学科試験と実技試験があります。ヘブライ語の聖書（旧約聖書）がきちんと読めなければならないし、食事にまつわる厳しい戒律もあります。「ユダヤ人」の定義は難しいのですが、肌の色などには関係なく、**ユダヤ教を信じる想像の共同体**ということができます。

■マティスは〝コレ〟で国防長官を辞めました

シリアのアサド政権は、中東では少数派のシーア派に属するのですね。正確には「アラウィー派」というイスラム教では異端なのですが、シーア派の一派とされています。アメリカのトランプ大統領がそのシリアからアメリカ軍を撤退させると発表したら、「いや、まだダメだ」と、慌てて待ったをかけた人物がいます。ジェームズ・マティス国防長官です。マティス国防長官が辞任を決意したのは、このトランプの決定が理由だと言われています。

２０１１年3月、シリアでアサド政権と反アサド政権勢力との内戦が始まると、アメリカは、「アサド政権が民主化運動を弾圧している」と非難し、反アサド政権勢力を応援してきました。アメリカ軍が**撤退すれば、シリアではアサド政権の基盤が強固になり、喜ぶのはアサド政権を支援してきたロシアとイラン**です。また、マティス国防長官は、**再びクルド人を裏切ることになる**ため、撤退すべきではないと考えていたのです。

クルド人を裏切るとはどういうことか。

２０１４年、アメリカでは、シリアで自称「イスラム国」（ＩＳ）と戦うためにアメリカ軍を投入すべきとの話が持ち上がりました。しかし当時のオバマ大統領は逡巡《しゅんじゅん》します。アメリカ軍の地上部隊を投入すると当然、アメリカ兵に死者が出るからです。そこでオバマは、アメリカ兵の死者を出したくないために、クルド人を使いました。

では、クルド人とはどういう人たちなのか、そこから説明しましょう。

昔、広大なオスマン帝国の中に**「クルディスタン」（クルド人の土地）と呼ばれる一帯**がありました。第1次世界大戦でオスマン帝国が敗れると、イギリスとフランスによりオスマン帝国は分割されます。そこに住む民族や宗教や言葉などに関係なく、イギリ

スとフランスによって勝手に国境線が引かれたのです。

その結果、**クルディスタンは現在のトルコ東部、シリア北東部、イラク北部、イラン北西部などに分割**されました。クルド人はそれぞれの国に分かれて3000万人ほどいて、国家を持たない最大の民族と呼ばれています。クルド人が話すクルド語はアラビア語とは違いますし、見た目もアラブ人のように黒い髪ではなく、青い目の人も多くいます。宗教はイスラム教のスンニ派です。

各国内で少数派となったクルド人は、分離独立を求める運動を始めることで各国の政府と対立するようになるのです。

■いいクルド人、悪いクルド人

クルド人は連帯感があり、中には、民族のためなら命を投げ出しても構わないという考えを持つ武装勢力があります。「ペシュメルガ（死と直面するもの）」です。

オバマ大統領（当時）は、このペシュメルガに最新の武器を与え、自称「イスラム

国」（ＩＳ）と戦わせました。**クルド人たちは、実績をあげれば「クルド人の国をつくることができるのではないか」と期待**し、多くの犠牲を出しながら自称「イスラム国」（ＩＳ）をほぼ壊滅状態にしたのです。アメリカはこのペシュメルガを支援するため、シリアに拠点をつくってクルド人たちを守っていました。

トランプはそんなことに関心を持ちません。「なんでいつまでもシリアにいる必要があるんだ。『自称「イスラム国」（ＩＳ）』がいなくなったら撤退する」と言い出したのです。そこでマティスが「ちょっと待て。いまアメリカ軍を撤退させたら『自称「イスラム国」（ＩＳ）』が復活する恐れがある」とトランプ大統領を翻意させようとしたのです。

アメリカがクルド人を支援したことでアメリカと険悪になったのがトルコです。トルコの中にもクルド人は大勢いるのですが、独立したいというクルド人もいれば、「自分たちはトルコ人です」というクルド人もいます。よってトルコは、トルコ国内に住み、トルコを承認しているクルド人は「いいクルド人」、独立運動をするクルド人は「悪いクルド人」というように分けて、独立しようというクルド人たちをテロリストに指定し

ているのです。

この勢力が強くなることに危機感を持ち、トルコはシリアに越境して、シリアにいるクルド人の掃討作戦を行っていました。そのクルド人武装勢力を支援していたのがアメリカだったのですから、トルコにしてみたら、「余計なことをして」というわけです。

■「クルドの友は山ばかり」

アメリカは、過去にクルド人を裏切っています。1990年、イラクがクウェートに侵攻、翌1991年に湾岸戦争が始まると、当時のジョージ・H・W・ブッシュ大統領(パパ・ブッシュ)は、イラク国内のクルド人に対し、サダム・フセイン政権を倒すために立ち上がれと扇動しました。イラク北部のクルド人たちが「戦えばきっと自分たちの国がつくれるんだ」とフセイン政権に対して反政府運動を始めますが、アメリカはイラクをクウェートから100時間で追い出すと、クルド人を見捨てます。

結果、まだ残っていたフセイン政権の主力部隊が、クルド人に対する大量虐殺を始め

たのです。アメリカはそれを黙視し、何もしませんでした。

ここで裏切られたにもかかわらず2003年、9・11アメリカ同時多発テロに対する報復戦争として、息子のジョージ・W・ブッシュ大統領（当時）がイラク戦争を強行したとき、今度こそチャンスだとクルド人はまたアメリカに協力しました。

そのご褒美として**イラク北部に「クルド人自治区」**ができました。このときはとりあえず裏切られずにすみました。イラクのクルド人たちを見て、他の国に住むクルド人たちも、「アメリカに協力するとクルド人自治区ができるのではないか」という期待を持ち、今度はシリアにいるクルド人が死に物狂いで自称「イスラム国」（ＩＳ）と戦い、結果、弱体化させることができたのです。

途端にトランプ大統領は、クルド人の希望を無視して撤退を決めました。それに反対したのがトランプ政権の〝安定剤〟といわれたマティス国防長官でした。トランプ政権の中東政策は、危うさを増しています。

ともあれ、裏切られ続けているクルド人を称して、「クルドの友は山ばかり」という言葉があります。**クルド人の哀しい歴史を表す言葉です。**

■レバノンは「平家の落人集落」

先にも述べたように、シリアにいるクルド人武装勢力をアメリカが支援すると、トルコはシリアに越境し、「シリアにいるクルド人を殲滅《せんめつ》する」と言い出しました。トルコはそれほどクルド人勢力が強くなることに危機感を抱いているのです。

トルコの山岳地帯に住むクルド人について、最初トルコは彼らを「山岳トルコ人」と呼んで、クルド人という存在自体を認めていませんでした。クルド語の使用も禁止しました。

ところがトルコがEU（欧州連合）に加盟しようというとき、EU各国は「トルコは人権を大切にしていない。クルド人という民族を認めようとしない」と批判しました。その結果トルコはしぶしぶクルド人の存在を認め、クルド語の使用も認めたという経緯があります。

ちなみに第1次世界大戦後、イギリスとフランスはオスマン帝国の領土を分割し、現在のシリアやレバノンのあたりはフランスの支配下に置かれました。フランスはシリア

を支配するうえで都合がいいように国境線を引いて大シリアからレバノンという国を分離するのです。

シリアとレバノンの間にちょうど高い山岳地帯があり、シリアや中東で迫害されている少数派の宗教勢力が山を越えてレバノン側へ逃げると助かる。レバノンはそのような場所なのです。

レバノンにはイスラム教ドゥルーズ派とか、キリスト教マロン派とか、あまり聞いたことがない宗派が入り交じってモザイク状の国になっています。こういう状態だと、住民が一致団結して独立運動を起こせないだろうと勝手に線を引いたのです。

ちなみにレバノン人の両親のもとブラジルで生まれ、キリスト教マロン派で育った〝ある人物〟は、レバノンの宗主国であるフランスへ行って、パリのエリート養成校で学びます。卒業した後、フランスの大手タイヤメーカー、ミシュランに入社し、ブラジルに派遣されて実績を評価され、フランスに戻ってルノーにスカウトされました。

誰だかおわかりですね。カルロス・ゴーンです。

■変わるサウジアラビア

イランがシーア派の大国なら、スンニ派の大国がサウジアラビアです。いま、サウジアラビアが大きく変わろうとしています。

サウジアラビア国籍のジャーナリスト、ジャマル・カショギ記者が、2018年10月2日、トルコのイスタンブールにあるサウジアラビア総領事館で殺されるというショッキングな事件がありました。

「総領事館」と「大使館」の違いは、わかりますか？　大使館は外交政策を担いますが、総領事館は外交活動を行いません。その国に住む自国民に、「戸籍・国籍」を与えたり、旅行にやって来た自国民がパスポートを失くした際の手続きを行うなどの行政サービスをしたりする機関です。

カショギ記者は総領事館に結婚手続きのため入った後、行方不明になりました。彼は、アメリカを拠点にワシントン・ポストなどにサウジアラビアのムハンマド・ビン・サルマーン・アール＝サウード皇太子が主導する改革などを批判する記事を書いていたジャ

ーナリストです。

事件後、ムハンマド皇太子の関与が取りざたされましたが、アメリカのトランプ大統領は、「あったかもしれないし、なかったかもしれない」という不思議なコメントを発表して、事件をウヤムヤにしました。

トランプ大統領としては、サウジアラビアはアメリカの兵器や飛行機を大量に買ってくれるお客さんだから精一杯、擁護したのです。

ムハンマド皇太子は非常に焦っているのです。サウジアラビアは石油がたくさん出る国です。当たり前ですが、いずれ石油はなくなります。そのときどうするか、という問題に直面しているからです。

ここへ来て、ヨーロッパ各国は地球温暖化対策の一環として、ガソリン車やディーゼル車の販売を禁止し、すべて電気自動車にするという方針を示しました。こうなると**「石油が枯渇する日」より先に「石油が売れなくなる日」が来てしまいそう**です。**石油依存から脱却を図りたいのに、それがなかなか進まない**のです。

皇太子の父親で80歳を超えるサルマーン・ビン・アブドゥルアズィーズ国王は贅沢三《ぜいたくざん》

味《まい》です。サルマーン国王が来日した際、羽田《はねだ》空港に空輸されたエスカレーター方式のタラップで、専用機から降りてきたのには驚いた人も多かったことでしょう。1500名の随行員を連れ、借り上げたハイヤーは500台、指定された車種はBMW、レクサス、ベンツだったそうで、大阪や名古屋《なごや》からもかき集めたようです。宿泊したホテルはもちろん帝国ホテルやホテルニューオータニなどの五つ星ホテルばかり。百貨店での消費も大きな話題となりました。

若きムハンマド皇太子は「これではいけない」と**改革に必死**です。これまで禁止されてきた女性の自動車運転を認めたり、映画館をオープンさせたりしました。また、投資立国を目指し、海外からの投資を集めようとしています。

同時に、**急速な改革に反発する王族の批判を抑え込んでいる**のです。

■モデルは「格下」のUAE

サウジアラビアの改革の1つのモデルがUAE（アラブ首長国連邦）です。UAEは

7つの首長国（アブダビ、ドバイ、シャルジャ、ラス・アル・ハイマ、フジャイラ、アジュマン、ウンム・アル・カイワイン）により構成される連邦国家です。首長とは、国王の次のランクのこと。サウジアラビアの国王に敬意を表して、この7つの首長国は、国王は置かず首長がトップになっています。中でも、ドバイの首長は切れ者で、いずれ石油がなくなったときのことを考え、ドバイを世界の物流の中継都市・国際金融都市として発展させてきました。

ドバイを見て、オイルマネーの威力はすごいと思っている人がいるかもしれませんが、実は海外からの直接投資で築いたのです。

ドバイ国際空港は砂漠の中の巨大な空港です。夜明け前に世界中から航空便が着き、また世界中に飛び立っていきます。ここを使ってさまざまな物が行き来しています。最近、日本で薔薇《ばら》が安く買えるようになったのは、南アフリカ共和国で栽培した薔薇をドバイ空港経由で出荷することができるからです。翌日には日本に届きます。

ＵＡＥは文化にも投資しています。２０１７年11月、首都アブダビに「ルーブル・アブダビ」が開館しました。本家・フランスのルーブル美術館の分館として、初めての海

外展開となります。ルーブル・アブダビはペルシャ湾にぽっかり浮かぶサディヤット島という島にありますが、ここには2018年にニューヨークのグッゲンハイム美術館の分館として「グッゲンハイム・アブダビ」もオープンしました。

高等教育機関の整備にも力を入れています。2010年、アブダビにアメリカ、ニューヨーク大学のアブダビ・キャンパスが設立されたほか、ドバイにもハーバード大学など、欧米名門大学が現地校で続々と進出しています。高等教育でもハブを目指しているのです。

首長は「石油が出る間に」と思っているのでしょう。その点、サウジアラビアはこういうことをまったくやってこなかった。「格下の国に負けるわけにはいかない」と、ムハンマド皇太子が急速に改革を進めています。

■サウジとイスラエルが「イラン包囲網」で急接近

しかし、サウジアラビアは非常に封建的なイスラム教の国です。**スンニ派でも、とく**

に厳格なワッハーブ派です。女性は大切にしなければならないとの考えから、性的な対象になることを恐れ、外出するときは黒ずくめの服をまといます。酒も映画館も禁止。ひたすら地上では神のことを考えろと教えられます。女性の自動車運転が禁じられている世界で唯一の国だったのですが、こういうことでは海外の投資家がなかなか足を踏み入れる気になりません。

そこで皇太子は「普通の国」にしようとしているのです。画期的なのは、映画館の開設を認め、映画館の座席で男女が隣り合ってもよくなったこと。マクドナルドでも男女別だったのに、大胆な改革といえます。女性の自動車運転も認められました。もちろん、国内にはこの改革に反対の保守派がいます。

サウジアラビア国内での支持を取り付けようと必死なのに、アメリカから自分を批判したのがカショギ記者だったのです。

カショギ記者の殺害をムハンマド皇太子が命じたとはサウジアラビアは認めていません。部下が忖度《そんたく》して勝手にやったことなのか……。いずれにしても**カショギ記者殺害の背景には、サウジアラビアの置かれている切羽詰まった状況がある**のです。

皇太子には、もう一つの野望があります。**「中東の盟主」としての地位を確実なものにすること**です。

しかし気がかりなのが、**イランを中心としたイスラム教シーア派の勢力伸長**です。サウジアラビアの南隣イエメンでは2015年から内戦が続いています。これは**サウジアラビアとイランの代理戦争**です。

イエメンは国民の4割強がシーア派。2015年、アラブの春で誕生したアブド・ラッボ・マンスール・ハーディー政権に不満を募らせた**イスラム教シーア派の反政府勢力「フーシ派」**を、**イランが支援**しています。これに対し、ムハンマド皇太子はサウジアラビア軍をイエメンに派遣。そのサウジアラビアをアメリカが支援しています。

さらに、**イランと友好関係を持つカタールに対して、断交を宣言**しました。反発したカタールはOPEC（石油輸出国機構）からの脱退を表明。いよいよ**OPECの解体が現実味を帯びてきました。**

シーア派の大国イランは、レバノンのシーア派組織ヒズボラとともに、同じシーア派のアサド政権を支援するためにシリア内戦に介入しました。結果的に中東ではイランが、

焦る中東の盟主
サウジアラビア
イスラエル
イラン包囲網のために手を組む
天敵
イラン
シーア派の大国
カタール
断交
UAE
お手本
サウジアラビア
スンニ派
中東の盟主
イエメン内戦
暫定政府を支援
フーシ派を支援

イランからイラク、シリア、レバノンに至るまで影響力を拡大し、三日月のような**「シーア派の弧」を形成しました。**

そこでスンニ派の大国サウジアラビアが、**イランを敵視するイスラエルと急接近**しています。サウジアラビアのムハンマド皇太子は、アメリカのエルサレムの首都認定を黙認しました。イスラエルもシリアにおけるイランの勢力拡大を脅威ととらえ、サウジアラビアとの関係強化を歓迎しています。

「イラン包囲網」のためなら、異教徒や従来の敵対的勢力とも手を組むのです。

■ロシアとトルコの利害が一致?

トルコも中東情勢で存在感を増しています。

トルコはNATO(北大西洋条約機構)の加盟国であり、アメリカにとって長年の同盟国でした。同時に「EUに入りたい」という希望を持っていました。〝西側〟諸国の一員になりたかったのです。しかし何かと難癖をつけられ、延々と先送りされ、結局受

け入れられずにきました。

理由は、国民の大多数がイスラム教徒であること。結局は「白人のキリスト教国ではない」ことが大きいのです。

トルコはへそを曲げ、いわゆる西側陣営から離脱し、ロシア寄りの姿勢を見せるようになってきました。シリア内戦では、ロシアと歩調を合わせましたし、現在ともに中東への関与を強めています。

背景には、アメリカとの関係がぎくしゃくしたことがあるでしょう。アメリカが、トルコのレジェップ・タイイップ・エルドアン大統領が目の敵にしているシリア国内のクルド人民兵勢力に武器を渡すなど支援してきたこともあります。でもそれ以前から、トルコとアメリカの関係は波乱含みでした。

トルコのエルドアン政権は、軍が起こした「クーデター未遂」事件の首謀者はフェトフッラー・ギュレン師だとして、アメリカ在住のイスラム教指導者ギュレン師の引き渡しを要求しました。これに対してアメリカは、十分な証拠がないとして引き渡しを拒否しました。

ギュレン師は独裁的になったエルドアンを批判し、政権による汚職事件の追及に動いた人物です。「世俗主義」や「民主主義」が脅かされていると危機感を持ち、クーデターを起こした軍を支援したと見られています。**トルコでは、「世俗主義」を守ってきたのは軍なのですね。**

アメリカは、トルコのエルドアン大統領の下で、**トルコが急激にイスラム化していることを危惧《きぐ》**しています。

オスマン帝国が解体し、現在のトルコ共和国が誕生したときには、トルコはイスラム色を極力排し、政教分離を貫いていました。「世俗主義」を選択したのです。ところが、エルドアン大統領になってから中東問題では同じイスラム教徒であるパレスチナ側を支持しました。これは、イスラエルを支持するアメリカにとって面白くありません。

一方、トルコのエルドアン政権は、ロシアのウラジーミル・プーチン大統領との劇的な関係改善を図っています。ロシアから最新の地対空ミサイルを購入することも決めました。**アメリカとの関係が悪化すれば、アメリカと敵対する国に急接近する。**これは国際関係ではよくあることです。

トルコとロシアといえば、2015年11月、トルコ軍によるロシア戦闘機撃墜事件でまさに「一触即発」だったはずなのですが、共に西側と対立している〝独裁者〟同士、気が合うのでしょう。

中東の勢力図は「反米」対「親米」で、**勢いを増しているのが「反米」組**です。

■大規模テロ「スリランカ」という国

2019年4月、スリランカで大規模なテロが起き、日本人1人を含む253人が亡くなりました。スリランカというと、平和な島というイメージを持っている人が多いと思いますが、実は10年ほど前まで、四半世紀に及ぶ内戦が続いていたのです。シンハラ人とタミル人の民族紛争です。スリランカとは、どんな国なのか。

スリランカは、かつては「セイロン」と呼ばれるイギリス領でした。もともとこの島に住むのはほとんどがシンハラ人。「シンハ」とはライオンという意味です。「自分たちはライオンの子孫である」という建国神話があります。シンハラ人は仏教徒（上座部仏

教）ですが、ここにインドからヒンズー教徒のタミル人が移って来たのです。

戦後、独立をした後、シンハラ人は「シンハラ人優遇政策」をとります。これが内戦のきっかけです。少数派のタミル人を差別した結果、タミル人の中から過激派が生まれ「タミル・イーラム解放の虎（LTTE）」と名乗ります。イーラムとはタミル語でスリランカのことで、ライオンの子孫のシンハラ人に勝てる動物は虎だというので「解放の虎」という名前を名乗ったタミル人の武装組織をつくったのです。彼らがシンハラ人主体の政府に対して内戦を挑み、シンハラ人の大統領が暗殺されるという事件まで起きています。何とか和解させようと日本政府も仲介に入るのですが、結局、シンハラ人主体の政府軍がタミル・イーラム解放の虎を総攻撃し、タミル人過激派は壊滅しました。その後、シンハラ人によってタミル人数万人が強制収容所へ入れられ、人権問題になったこともあります。

ちなみに、スリランカと同じようにイギリスから独立したマレーシア連邦では、マレー系が少数派の中華系を差別したため、中華系がマレー連邦から独立してシンガポールという国をつくりました。だからシンガポールは中華系が非常に多いのです。

現在、スリランカには、仏教徒（70・1％）とヒンズー教徒（12・6％）以外に、イスラム教徒（9・7％）やキリスト教徒（7・6％）も増えています。今回のテロは、少数派のイスラム教徒の中の過激派が、少数派のキリスト教徒を狙って起こした自爆テロでした。

犯人は「ナショナル・タウヒード・ジャマート（NTJ）」と呼ばれる過激派グループです。「タウヒード」とは、「神の唯一性」という意味で、組織名は「唯一の神を信じる全国組織」とでも訳せばいいでしょうか。実態はまだはっきりしていませんが、自称「イスラム国」＝ISの影響を受けたようです。**ISはシリア、イラクの支配地域から追い出され、物理的にはほぼ消滅しましたが、思想は世界各地に拡散しています。**それが今回はスリランカに影響を与えてしまったのです。スリランカは、長い民族対立の時代を終わらせたのに、今度は新たな「宗教対立」の時代へと突入しそうです。

第4章　習近平の1強政治

■米中の緊張が高まる中、食い込むプーチン

「敵の敵は味方」という言葉があります。**国際情勢を理解するキーワード**です。

1949年、蔣介石《しょうかいせき》率いる国民党政権を台湾《たいわん》へ追いやり、中華人民共和国が建国されました。初代国家主席は毛沢東《もうたくとう》です。

中国は、建国当初こそソビエト社会主義共和国連邦（ソ連）とは兄弟のような関係だったのですが、その後、ソ連型社会主義体制をモデルに行った**「大躍進政策」が大失敗**。1956年のソ連の「スターリン批判」を契機に、中ソは対立し始めます。ヨシフ・スターリンが死んだ後、毛沢東は兄貴分のソ連の言うことを聞かなくなったのです。ソ連の新指導者となったニキータ・フルシチョフが「西側との平和共存」を模索することで、対立が深刻化していきました。

中国が核実験を行うと、ソ連は本気で中国を警戒し、対立していたはずのアメリカに「一緒に中国を攻撃しよう」と密かに話を持ちかけたほどでした。

中国と戦争になればミサイルがモスクワに飛んでくるかもしれない。その前にアメリ

カと一緒に中国を叩《たた》いてしまおうという魂胆です。

アメリカは拒否しましたが、「しめた」と思うわけですね。ソ連と中国との間にくさびを打ち込もうと、「ニューヨーク・タイムズ」に「ソ連がアメリカに、一緒に中国を攻撃しようと言ってきた」とリークしました。

中国はソ連との核戦争を覚悟し、中国全土に核シェルターをつくりました。激しい対立の中、中国は**「ソ連包囲網をつくろう」と決意**します。

中国は、インドとは対立関係です。1959年にチベット動乱が起き、ダライ・ラマ14世がインドに亡命すると、中国とインドは国境問題をめぐり対立するようになりました。

インドの先にパキスタンがあります。パキスタンは、インドとは何度も「印パ戦争」を戦っています。**中国にとっての敵であるインドの敵のパキスタンは味方になります。**いまでも中国とパキスタンの関係は良好です。

振り返ると、中ソ関係をいっそう険悪にしたのが1972年のリチャード・ニクソンの訪中でした。アメリカが日本の頭越しに中国を訪問したのです。**米中関係はそれまで**

の対立から和解へと転換していきました。ソ連は中国を「裏切り者」と非難しました。

しかし1989年、ソ連の指導者ミハイル・ゴルバチョフが訪中し、鄧小平と会談。中ソ関係が正常化しました。

でも伝統的にロシア人の中国嫌いは相当なものです。中ソ国境紛争で、中国の軍人たちがソ連の領土だったアムール川の支流ウスリー川の中州であるダマンスキー島を占領しようとし、ソ連軍兵士が殺されたこともあります。それに、人口が希薄なロシア極東のウラジオストクやハバロフスクに行くと、中国人がそれこそ「沁《し》み出す」ようにロシアに流入しています。ロシアの人口は約1・4億人、中国の人口は約13億人、10倍近い差です。ウラジーミル・プーチン大統領は内心、中国人にまた領土を奪われるのではないかと脅威を感じているのです。

ロシアには、こんなアネクドート（政治を風刺する小話）があります。ソ連時代のレオニード・ブレジネフとアメリカの大統領ジミー・カーターが話をしています。カーターが「今日、面白い夢を見たんだ。クレムリンに赤旗が翻っていて、何か書いてあったな」。ブレジネフが喜んで「なんて書いてあったんだい？」と聞くと、「わからないよ。

漢字は読めないんでね」（＝中国に占領された夢を見たということ）。

でも、ロシアは、「対アメリカ」ということでは中国と良い関係を築きたい。

2014年2月に発生したウクライナ問題をめぐって、ロシアは欧米との対立を深めることになりました。一段と強まるアメリカによる制裁は、ロシア経済に打撃を与えています。

そんな中、2018年10月4日の**マイク・ペンス演説**は、1972年のニクソン訪中以来の米中関係を転換させるものでした。イギリスの首相だったウィンストン・チャーチルの「鉄のカーテン演説」（＝冷戦の始まりを象徴した演説）に匹敵するといわれています。

「アメリカに睨《にら》まれている者同士、仲良くやりましょう」というわけで、このところ**中ロ関係が劇的に改善**しています。

■中国が「全国民がスパイになれ」という法律をつくった

アメリカのドナルド・トランプ大統領は、中国に貿易戦争を仕掛けました。アメリカには中国から大量の輸入品が入ってきています。それによってアメリカの赤字が膨大なものになっている。アメリカ人の雇用も奪われている。**貿易赤字を少しでも減らすために関税をかけるのだというわけです。**

関税のことを英語で「tariff（タリフ）」といいます。**トランプは自分のことを「タリフマン」といっています。**

彼は**貿易については常に1対1で考えています。**多国間ではなく、それぞれの国との間で貿易赤字があるかないか、それだけで損得を考える。それでいうと、中国との貿易額はとんでもなく不均衡です。中国との話が終わったら、日本にも圧力をかけてくるでしょう。

でも、貿易については以前から問題になっていました。いまアメリカと中国が衝突している**一番の理由は、「ハイテク覇権争い」**です。

アメリカは中国が「バックドア」（ウイルスが不正侵入をするためにつくる裏口・勝手口のこと）を使ってアメリカ企業から機密情報を盗もうとしていると疑っているということは先にふれました。アメリカがとりわけ怒っているのは、**2017年に中国が「国家情報法」という法律を施行したこと**です。中国は、中国国民や中国企業に対し、「世界のどこにいても情報収集で中国政府に協力しなければならない」ということを法律で義務付けたのです。つまり**「全国民がスパイになれ」**ということです。

■5Gで勝った国が世界を制する

もうひとつは、自動運転などに欠かせない**「5G」の分野で、アメリカは中国に絶対に主導権を握らせたくない**のです。

2018年9月、中国通信最大手、華為技術（ファーウェイ）の創業者の娘、孟晩舟は「十年一剣を磨く。5Gの世界標準を獲得した」と、四川《しせん》省成都《せいと》の講演会で優位を誇りました。

5Gとは第5世代の移動通信システムのこと。手元の携帯電話を見てみてください。「4G」と表示されているはずです。4Gはアメリカの技術です。

ここで、移動通信システムの歴史を振り返っておきましょう。

まず、1G（第1世代移動通信システム）。1980年代のバブル時代、肩から下げるショルダー型の移動電話がありました。車に設置された自動車電話も1Gです。基地局のカバーエリアが2キロから3キロあったので、自動車で走りながらでも十分に通話が可能でした。

2G（第2世代）は、アナログからデジタルへ移行したことが大きな変化です。1990年代前半から普及が始まり、メールやネットができるようになりました。

3G（第3世代）は、より高速なデータ通信を実現し、2000年代後半には携帯電話からスマートフォンへのシフトが始まりました。

4G（第4世代）になると、速度が一層速くなり、パソコン並みに快適に動画も楽しめるようになりました。現在の2010年代がここにあたります。

そして迎えた新世代の「5G」はどんな特徴があるのでしょう。キーワードはまず

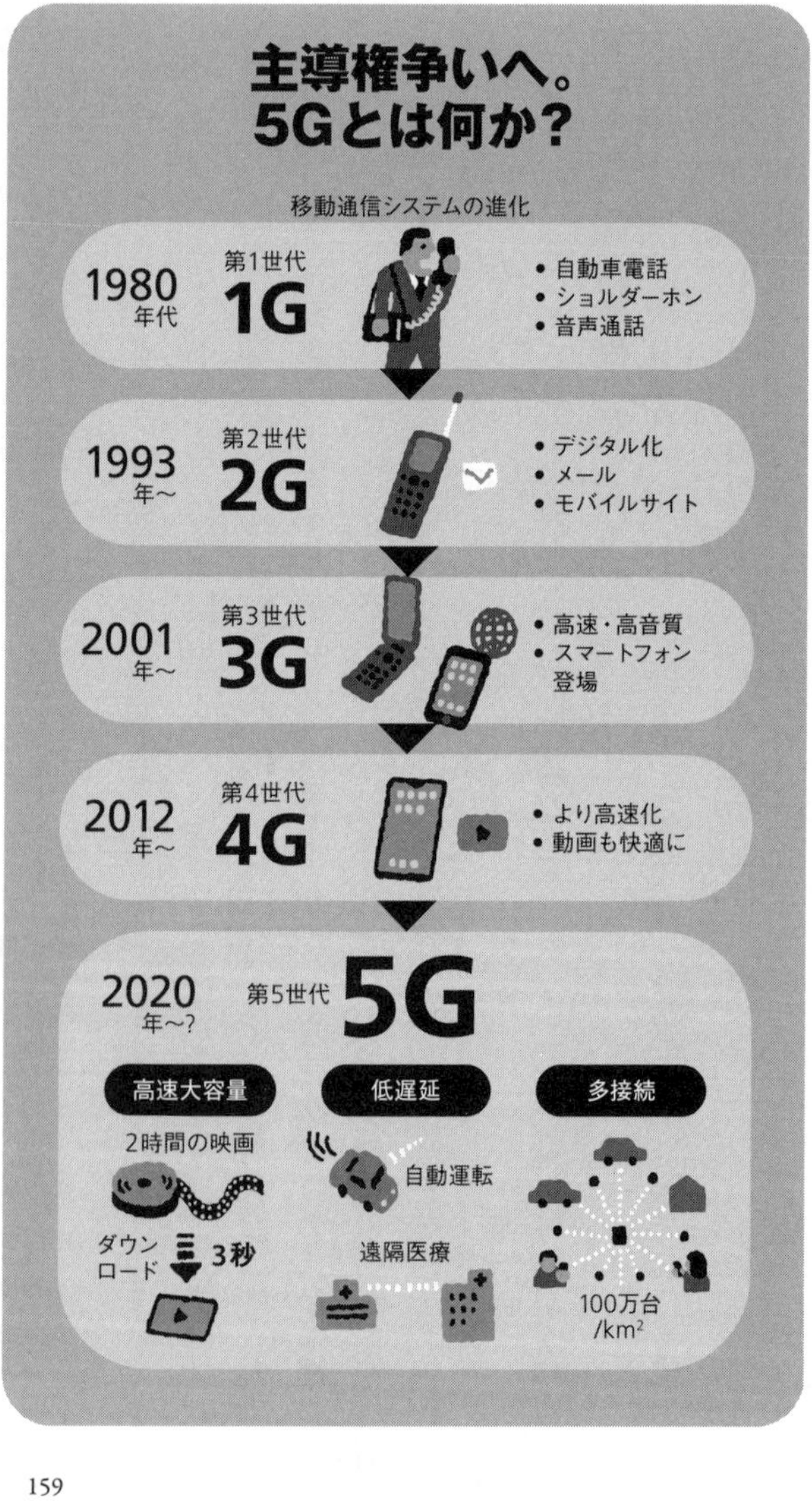
主導権争いへ。
5Gとは何か？
移動通信システムの進化
1980年代
第1世代
1G
• 自動車電話
• ショルダーホン
• 音声通話
1993年〜
第2世代
2G
• デジタル化
• メール
• モバイルサイト
2001年〜
第3世代
3G
• 高速・高音質
• スマートフォン登場
2012年〜
第4世代
4G
• より高速化
• 動画も快適に
2020年〜?
第5世代
5G
高速大容量
2時間の映画
ダウンロード
3秒
低遅延
自動運転
遠隔医療
多接続
100万台/km2

「高速大容量」です。通信速度が劇的に速くなり、2時間の映画をわずか3秒でダウンロードできるといわれています。

2つ目のキーワードは**「低遅延」**です。NTTドコモが歌手グループPerfumeとコラボレーションして、5Gの低遅延の魅力をアピールしたことがあります。3人のメンバーがニューヨーク、ロンドン、東京の3カ所に分かれてパフォーマンスを披露するのですが、同じ曲で踊るのに、そこにほとんど遅延がありません。海外からのテレビ中継などを見ていると、会話にズレが生じていますが、5Gではタイムラグが0・001秒だそうです。中継も通信衛星を使うと何秒かディレイ（遅れ）が生じるのですが、インターネット回線を使うとディレイがなくなるのですね。

つまり、**ほぼタイムラグなく遠くのものを動かせる**ということ。これを活用すれば**「自動運転」「遠隔医療」などが可能に**なります。

2019年2月、スペインの医師らが5Gによる手術の遠隔指示に世界で初めて成功しました。専門医が不足する過疎地でも、指示を受けながら手術ができるので地方活性化につながるかもしれません。働き方改革が進む可能性もあります。

３つ目のキーワードが「**多接続**」です。「ＩｏＴ（モノのインターネット）」という言葉を聞いたことがあると思います。スマホだけではなく**あらゆるモノがネットにつながる**ことです。５Ｇ規格ではＩｏＴでの利用を想定して１㎢当たり１００万台の端末を同時に接続できます。つまり家電も車も、自宅や職場にいながら思うがままに遠隔操作ができるのです。

この５Ｇの技術で、いま圧倒的に進んでいるのが中国のファーウェイです。ファーウェイの中国本社の映像を見て驚きました。広さは東京ディズニーランドの４倍。ヨーロッパの城を思わせる建物が建ち並び、敷地内には本物の鉄道が走っています。まるでテーマパークのような環境の中、４万人の従業員（うち技術開発者２万人）が働いています。

■中国はまるで小説『１９８４』の世界

ファーウェイはもともと携帯電話のネットワークに必要な基地局などの通信機器を提

供する企業でした。その後、携帯端末も手掛けるようになり、現在はスマホの販売台数で韓国のサムスン電子に次いで2位になりました。アメリカのアップルは3位です。

ファーウェイの携帯電話を使うと、利用者の位置情報はもとより、その人が何を注文したか、何を見たか、すべてファーウェイがデータを持つことになります。ファーウェイだけではありません。中国のアマゾン・ドット・コムといわれるアリババは、顔認証で支払いができるレジを開発。生体データはもちろん、購買履歴、学歴や資産、通院や投薬歴など、すでに6億人の個人情報を溜《た》め込んでいるといいます。

アリババの系列企業が始めた「セサミクレジット（芝麻信用）」をご存じでしょうか。「開けゴマ」のゴマ（セサミ）ですね。『アリババと40人の盗賊』に出てきますね。これは、アリババ社が提供するモバイル決済サービスのアリペイを使ってさまざまな支払いをきちんとしていれば、スコアが上がるシステムです。支払い状況がよければ優遇されます。

その一方、もしこのデータが中国政府に渡っていれば、赤信号で渡ったり自転車を放置したりしたら顔認識ソフトで本人が特定され、スコアが下がったりするかもしれませ

ん。マナーはよくなりそうですが……。こうなると政府への抗議運動などに参加したりすると、スコアは激減するのでしょう。

顔認証といえば、中国ではコンサート会場で監視カメラなどの顔認証システムにより、指名手配されていた容疑者が逮捕されるケースが相次いでいます。

中国はいま、前代未聞の監視社会になっているのです。1党独裁によって人々が徹底的に管理され、ユートピアではなくディストピアに生きる。ジョージ・オーウェルの小説『1984』の世界がついに完成したといっても過言ではありません。

■中国が制御不能な大国に成長

かつて日本は「経済一流、政治二流」といわれましたが、**日本はこのハイテク覇権争いに入っていけない状況**です。

アメリカと中国だけの2強の戦いであり、いまのところ人工知能（AI）などの技術でも中国の勢いが止まりません。

２０１９年２月４日付の日本経済新聞に「アリババ、バイドゥ…中国『ＢＡＴＩＳ』の野望」という記事がありました。

BATISとは何か。日経新聞によると、「習近平指導部が国家プロジェクト『ＡＩ発展計画』で17～18年に指名した5大プラットフォーマーだ」とあります。

具体的には百度（バイドゥ、自動運転）、アリババ（スマートシティー）、テンセント（ヘルスケア）、アイフライテック（音声認識）、センスタイム（顔認識）の5社です。

「ＢＡＴＨ」（百度、アリババ、テンセント、ファーウェイ）が注目を浴びていますが、それとは違うのですね。

この5社は補助金や許認可で手厚い支援を受けるのだとか。なんと習主席が指名する5大プラットフォーマーにファーウェイは入っていないのです。任正非《じんせいひ》およびファーウェイが、習主席が敬遠する江沢民《こうたくみん》派だからだとの話もあります。しかし、ファーウェイが中国の重要企業であることには変わりはないでしょう。

一方でＥＵ（欧州連合）は、アメリカが各国にファーウェイの部品を組み込んだ製品の採用をやめるように働きかけていることに対し、「一律には排除しない」との立場を

明らかにしました。加盟各国に判断をゆだねるということで、アメリカとは一定の距離を置くようです。

アメリカには「GAFA」と呼ばれる有名企業群があります。グーグル、アップル、フェイスブック、アマゾンの4社です。

アメリカと中国のハイテク覇権争いはどちらに軍配が上がるのか。日本も無関係ではありません。日本としては同盟国であるアメリカと歩調を合わせる方針を固めました。しかし、ファーウェイ製品は品質が悪いわけではありません。なにしろ、**ファーウェイの携帯には多くの日本製の部品が搭載**されていて、iPhoneが「メイドインチャイナ」なら、ファーウェイは「メイドインジャパン」だとの声もあるほどです。

多くの日本企業にとっては、政府のファーウェイ排除の決定を支持するのは辛《つら》いはずなのです。

■建国70年、毛沢東人気再燃のなぜ

ハイテク覇権争いに勝利するのはどちらなのか。中国は情報通信分野でアメリカにかなり追いついています。独自に研究ができるようになり、先を行き始めたのです。

戦後、アメリカは「トルーマン・ドクトリン（反共対外援助政策）」を発表し、ソ連を封じ込めました。ソ連を中心とした共産圏を明確に敵視し**資本主義陣営と社会主義陣営の間で、貿易をしませんでした**。封じ込められたソ連は経済的に追い込まれていきました。

しかし東西冷戦が終結し、グローバル化が進むと貿易は自由になりました。人の行き来も自由。昔は社会主義圏からアメリカへ留学するなどあり得ませんでした。いまやアメリカ留学生の3分の1が中国人といわれています。

アメリカは**中国経済が発展し豊かになれば中国の政治が民主化するだろう**とずっと応援してきたら、裏切られてしまった。**ついに本気の対中宣戦布告「ペンス演説」です。**

先にも触れたように、中国の発展の絵を描いたのは鄧小平でした。国民も彼を尊敬し

ていました。しかし現在は国民の間で毛沢東人気が再燃し、習近平は第2の毛沢東になりたいと思っているようです。

毛沢東と鄧小平、何が違うのか。**鄧小平は国家のことを考えていました。毛沢東は自分が権力者になることを考えていました。**その違いです。

権力志向が強かった毛沢東はソ連型社会主義経済をモデルとし、大躍進政策で大失敗。5000万人以上の餓死者を出し、果ては文化大革命（毛沢東主導で行われた権力闘争）を引き起こして、ここでもまた多数の死者を出しました。鄧小平はものごとを合理的に考える有能なリーダーでしたが、毛沢東はただの独裁者だったのです。

しかし、そうした過去を知らされることのない国民は毛沢東を再評価しています。なぜなのか。それは**毛沢東の時代は〝平等〟だった**からです。貧しくても平等に貧しかった。**中国は現在、とてつもない格差社会**です。鄧小平は「豊かになれるところから豊かになれ」と言いました。その結果、沿海部ばかりが豊かになり、格差が広がりました。格差に不満がある庶民は、「毛沢東の時代はよかった」と言うわけです。

とくに最近は、マルクス主義を掲げ、「労働者の人権を守れ。格差をなくせ」と主張

する大学生のグループが北京大学をはじめ、各地で活動を広げています。彼らの主張を見ると、まるで資本主義社会における共産党の活動のように見えます。

習近平は鄧小平を否定し、毛沢東路線へ回帰しています。ただし、こうした学生運動は弾圧しています。自分に対する批判は許さないのです。習近平は中国共産党のトップ=総書記であると同時に、中国政府のトップ=国家主席。両方を兼務しています。

総書記には任期がありませんが、国の元首である国家主席には任期がありました。「1期5年で連続2期10年まで」です。憲法に「2期を超えて連続して就くことができない」との規定があったのです。ところが中国は2018年に憲法を改正し、2期10年までの任期制限を撤廃しました。**習近平が終身で国家主席を務めることも可能になったのです**。これは何を意味するのか。

アメリカが貿易戦争をしかけたところで、トランプはいずれいなくなる。しかし、習近平はその気になればずっと居座れます。トランプがいなくなった後のことを考えて行動ができるということです。その点では、中国のほうが圧倒的に有利です。

余談ですが、中国というのは時間の感覚がまったく私たちとは違うのです。2012

なぜ毛沢東の人気
再燃なのか？
毛沢東
文化
大革命
大躍進
政策
独裁
習近平
毛沢東を見習い
権力を掌握
国家主席の
任期の制限を撤廃した
鄧小平
豊かになれるところから
豊かになれ
貧富の差が広がった

年9月の尖閣《せんかく》諸島の国有化以降、尖閣周辺海域に中国公船が頻繁にやって来て、日本は対応に追われています。「中国はいつまであんなことをやるんだろう」と思っている人もいるかもしれませんが、日本は焦ってはいけません。おそらく中国は、これから100年続けてもいいと思っているはずです。領海侵入を続けていたら、そのうち日本がくたびれるだろうと思っている。中国は100年単位の超長期スパンでものごとを考えます。日本はそのつもりで中国とのつきあい方を考えたほうがいいと思うのです。

■文在寅大統領の反日

東アジアへの海洋進出が著しい中国をはじめ、米中の間で混迷する東アジア情勢の動向から目が離せません。

とくに制御不能なのが、文在寅政権下の大韓民国です。次々と日韓関係を悪化させる材料が出てきています。

まず、2015年の慰安婦問題に関する日韓合意に基づいて設立された**「和解・癒《い》や**

し財団」（慰安婦財団）の解散問題です。2016年、日本政府は「元慰安婦の皆さんへ渡してください」と、元慰安婦らに現金を支給する事業を開始。財団に10億円を拠出しました。これを一方的に解散されてしまったのです。

続いて**レーダー照射事件**がありました。2018年12月20日、能登《のと》半島沖の日本海において、海上自衛隊の飛行機が韓国海軍の艦艇からレーダー照射を受けました。今回の事件で照射されたレーダーは火器管制レーダー（ミサイルなどを発射する直前に標的の位置や移動速度を把握するために使われる）です。日本は「攻撃一歩手前の行為だ」と抗議し、韓国側は「照射していない」「遭難した船を探すためにレーダーを使用した」と主張。意見が食い違いました。

トドメが「**徴用工判決**」です。韓国の元徴用工に損害賠償の請求権があることを韓国の最高裁判所にあたる大法院が認めたことから、日韓関係は最悪な状態に陥りました。韓国では日本企業の資産が次々と差し押さえられはじめました。

そもそも「徴用工」とは何か。徴用工とは、**戦時中（日本が朝鮮半島を統治していた時代）に、朝鮮半島から日本の工場などに労働者として動員された人たち**です。

このうち4人の元徴用工が新日鐵住金（結審当時の社名）に対して損害賠償を求めて裁判を起こし、韓国の裁判所は1人当たり約1000万円の賠償金を払うように命じたのです。

新日鐵住金は、戦時中は「日本製鐵」という社名でした。それが戦後の財閥解体で八幡製鐵と富士製鐵とに分かれ、その後、合併して新日本製鐵に。その新日本製鐵が住友金属といっしょになり新日鐵住金になりました。だからここに損害賠償を請求したのです。ややこしいのは、この2019年4月からまた社名を変更して「日本製鉄」という名前に戻っていることですが。

いずれにしても、払えと言われた新日鐵住金は「もう解決済みの話だから」と応じませんでした。すると同社が韓国内に保有する資産（韓国企業と合弁で設立した会社の株式）の差し押さえが決定されました。元徴用工や元挺身隊《ていしんたい》の訴訟に絡む資産の差し押さえは、2018年10月以降、三菱重工業、不二越と続いています。

これまでの日韓の間では、こうした損害賠償問題はすべて解決済みとされていました。1965年の日韓基本条約の締結と同時に「日韓請求権協定」が結ばれたからです。

このとき、日本も韓国も「互いに相手への請求権を放棄する」と決めました。徴用工の問題について韓国は日本側に一切請求しませんということを双方で確認したのです。国家間の取り決めです。

日韓基本条約は、日本と韓国が国交を結ぶための条約です。条約をめぐる交渉の中で、韓国側が日本に「不法に朝鮮半島を統治していたのだ。賠償金を払え」と言ってきました。

戦時中、日本は東南アジア各国に進出していきました。戦後、日本はそれぞれの国に戦時賠償金を払っています。韓国にもそれを払えと言ってきたのです。

■「日韓請求権協定」を結んだ経緯

日本と韓国の歴史を少しふり返っておきましょう。

1919年、日本の植民地支配からの独立を求めて独立運動が高まりました。その中で、「大韓民国臨時政府」というものが中国大陸につくられます。韓国にしてみたら、

「韓国政府は日本と戦争をしていたのだ。戦争で大韓民国臨時政府が勝ったのだから払え」という理屈です。それに対して日本の言い分は、「いやいや戦争はしていない。日本は朝鮮半島を統治していたけれど、戦争はしていない」。売り言葉に買い言葉で、韓国がそんなにいろいろ請求してくるなら、日本も韓国に請求することができると言い出しました。

日本は朝鮮半島を統治していましたが、太平洋戦争で負けて朝鮮半島から引き揚げました。そのとき、朝鮮半島に工場や自宅を置いたままにしていました。アメリカがそれをそのまま接収して、大韓民国ができたときに韓国側に引き渡した。だから韓国が日本に対して賠償金を払えと言うなら、日本が韓国に置いてきた財産を返してくれ、という論理です。結局、**「お互い請求権は全部チャラにしよう」というのが日韓請求権協定**です。

ただし、日本としては朝鮮半島を統治していた時代、いろいろと迷惑もかけた。ならば、「独立祝い金」、「経済協力金」という名目で支援しましょうと、当時の韓国の国家予算の2倍にあたる5億ドルを渡したのです。

そのときの条約には、「完全かつ最終的に解決されたこととなることを確認する」と書いてあります。韓国の国民が、日本政府や日本の企業に対して、損害賠償などの請求権を持てないことが確定したのです。

ところがその後、韓国の最高裁判所は「徴用工や慰安婦など、**個人の請求権は存在する**」と言い出しました。

今回の最高裁判所の判決は、そもそも朝鮮半島を日本が統治したことが不法である、極めて非人道的な不法行為に対する請求権はあるという理屈をつけたのです。驚くべき論理です。

実は、現在の文在寅大統領は、盧武鉉《ノムヒョン》政権のとき、徴用工問題について韓国側で解決を担当していました。日本側には請求できないという報告をまとめた責任者です。

文在寅大統領は困っているはずです。日本に対して「もう少し謙虚になるべきだ」という発言をしましたが、これは「本当はこっちも困っているんだよ。理解してよ」という意味です。無理筋だとわかっているのに、韓国も三権分立の国なので最高裁判所の判決には従わなければならない。それで頭を抱えているのです。

最高裁判所の判決がおかしいのですが、世論を前にすると腰砕け、**裁判所と日本との板挟みになっているのがいまの文在寅政権**です。

こんな状態になると、いつもはアメリカの大統領が仲介してくれるのが普通なのですが、いまのアメリカのあの方はまったく関心がないようで……。

■トランプならやりかねない「新アチソンライン」

トランプ大統領は「在韓アメリカ軍は撤退させない」と明言しましたが、本心では撤退させたいのです。理由はお金がかかるから。

トランプは「アメリカ軍が朝鮮半島から撤退して、南北が仲良くするならそれでいいじゃないか」と考えています。アメリカ軍は沖縄に置いておけばいい。日本の基地なら日本が金を出してくれるだろうと。トランプ政権のもとで「新アチソンライン」ができるかもしれないという見方もあります。

アチソンラインとは、第2次世界大戦後、アメリカのディーン・アチソン国務長官が

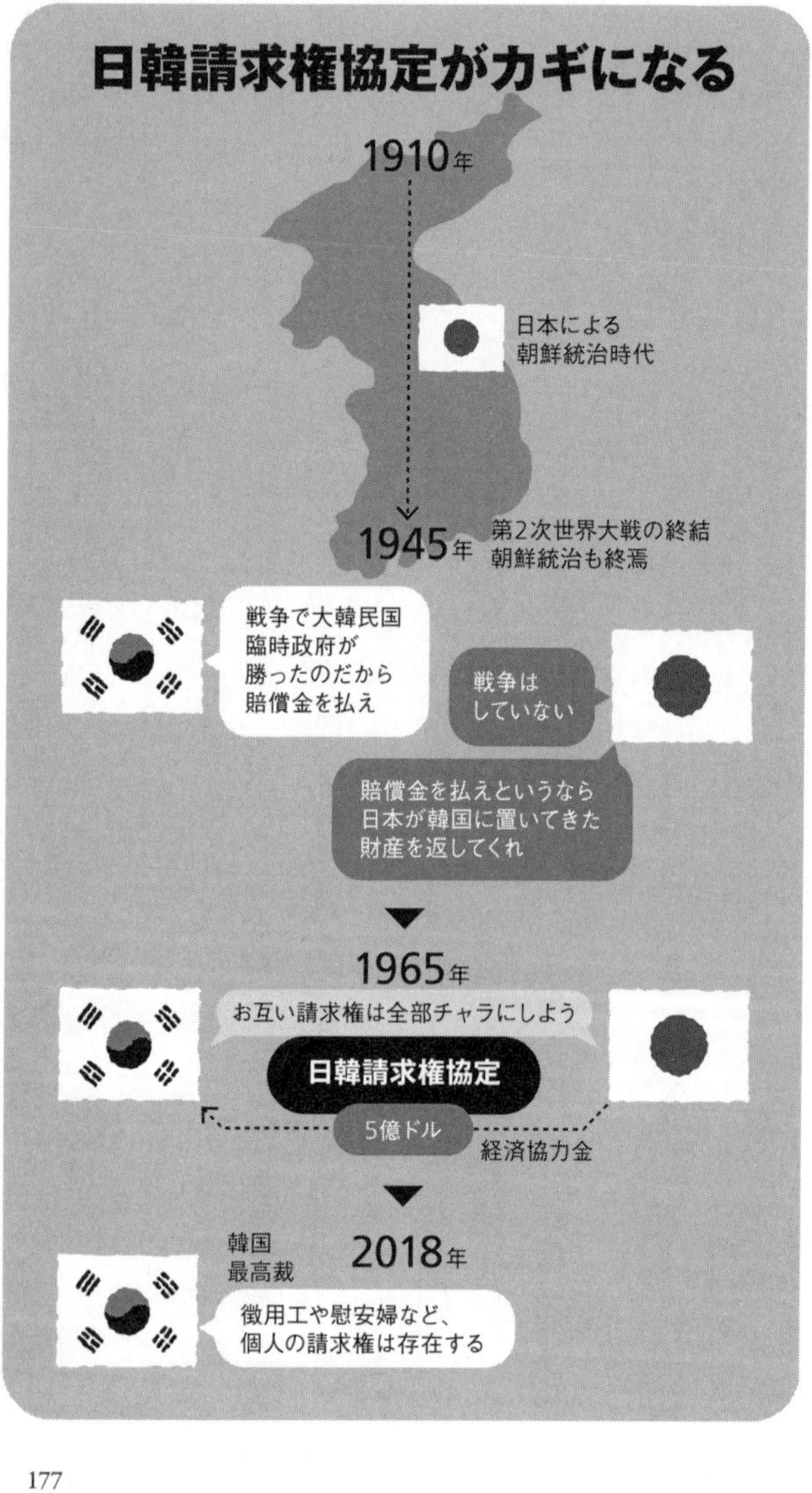
日韓請求権協定がカギになる
1910年
日本による
朝鮮統治時代
1945年
第2次世界大戦の終結
朝鮮統治も終焉
戦争で大韓民国
臨時政府が
勝ったのだから
賠償金を払え
戦争は
していない
賠償金を払えというなら
日本が韓国に置いてきた
財産を返してくれ
1965年
お互い請求権は全部チャラにしよう
日韓請求権協定
5億ドル
経済協力金
韓国
最高裁
2018年
徴用工や慰安婦など、
個人の請求権は存在する

太平洋西部に引こうとした共産圏に対する防衛ラインのことです。アリューシャン列島から、日本、日本に返還される前の沖縄、フィリピンを結ぶ線で、朝鮮半島、台湾は入っていませんでした。

これを知った金日成《キムイルソン》が、「アメリカは韓国を守る気がないようだ。攻撃するチャンスだ」と、ソ連のスターリンや中国の毛沢東を説得し、38度線を南下して韓国に攻め込みました。ですから、**アチソンラインは朝鮮戦争の引き金になったともいえます**。

このところ、韓国の文在寅大統領は「金正恩《キムジョンウン》の代弁人」などと言われるほど北朝鮮（朝鮮民主主義人民共和国）寄りになっています。２０１９年1月、韓国は国際連合から非難されました。国連安全保障理事会（国連安保理）の制裁決議で義務付けられていた北朝鮮への石油製品の援助を届け出ておらず、北朝鮮が洋上で船から船に積み荷を移す「瀬取り」を何度も繰り返していたからです。

北朝鮮への対応をめぐり、アメリカは文在寅大統領にあきれています。日本との関係も悪くなっているし、アメリカ軍は撤退するから、南北で仲良くやってくれればそれでいいじゃないかというわけです。トランプならやりかねません。でも、これは衝撃的な

こと。**東アジアにおけるアメリカの戦略の大転換**になりかねません。

■米朝のせめぎ合い

韓国の北朝鮮に対する宥和《ゆうわ》的な言動が北朝鮮の非核化を阻害しているとして、文在寅政権は国際社会から孤立しつつあります。

アメリカの研究グループは、北朝鮮の北西部のミサイル発射場で、施設を建て直す動きを確認しました。トランプ大統領はこれに対し「事実なら失望する」とコメントしました。

歴史的一歩を踏み出したかのように見えた初の米朝首脳会談ですが、北朝鮮の非核化はアメリカの思い通りには進んでいません。

2018年6月12日、初の米朝首脳会談がシンガポールで開催されました。両国の首脳が直接顔を合わせるのは史上初めてのことでした。

トランプ大統領は終始上機嫌でした。「大成功だった」と自画自賛しました。中間選

挙のときにも「俺はこれまでの歴代大統領が成し遂げられなかったことを成し遂げたんだ。見てみろ、いまはミサイルが飛んでこないだろう」と演説していました。それはその通り。確かに飛んでいません。でも、どこが大成功なのか。合意内容を見ると、驚くほど内容がありませんでした。合意文書でアメリカは北朝鮮に「体制の保証」を与えると約束する一方、北朝鮮の非核化については「朝鮮半島の完全な非核化に向け努力する」ことを約束しているに過ぎないからです。

1回目の米朝首脳会談は明らかに北朝鮮の金正恩の「勝ち」でしょう。非核化は「朝鮮半島の非核化」ではなく「北朝鮮国内の非核化」でなくてはなりません。おそらくトランプは、北朝鮮の非核化と朝鮮半島の非核化の違いが理解できないまま、サインをしてしまったのではないでしょうか。

「朝鮮半島の非核化」は1991年に宣言されています。北朝鮮と韓国との間で、アメリカ軍が韓国に置いていた核兵器を撤去した際、「アメリカ軍が朝鮮半島から核兵器を撤去したんだから、北朝鮮も韓国もこれから核開発は一切しない」と約束したのです。

ところがその約束を北朝鮮は何度も破り、ついに核を持ってしまった。約束を破った

ことをちゃんと追及せず、そんな昔からの表現と引き換えに、北朝鮮の体制を保証してしまったのです。これでは「北朝鮮にしてやられた」と言われても仕方がありません。**非核化はあくまで「北朝鮮の非核化」が前提です**。その上で、いつまでに、どういうプロセスで非核化を実現するのか、そのロードマップまでいかなければ意味がありません。

トランプ大統領は政治の世界ではまったくの素人です。大統領になって、朝鮮半島問題について専門家からレクチャーを受けたとき、知り合いに「おい、知ってるか？　朝鮮戦争はまだ終わっていないんだぞ」と言ったという話があります。朝鮮戦争は休戦状態が続いています。トランプはそれを知らなかったのです。

■バッドディールよりノーディール

2019年2月、2度目となる米朝首脳会談がベトナム・ハノイで開催されました。トランプにとってはリベンジです。**この会談で、「何をもって非核化とするか」を巡**

る溝が鮮明になりました。

金正恩委員長はミサイル発射や核実験をするつもりはないと約束したうえで、核爆弾の原料をつくることのできる寧辺《ニョンビョン》の核施設の廃棄の見返りに、経済制裁の解除を求めました。これに対してトランプ大統領は、他の核関連施設の廃棄も要求しますが、北朝鮮はこれを受け入れず交渉は決裂したといわれています。

トランプ流に言えば、バッドディールをするくらいなら、ノーディールのほうがよい、ということでしょうか。

金正恩委員長は、新年の辞で「核兵器は製造、実験、使用、拡散のいずれもしない」と演説したものの、いま持っている核兵器についてどうするかは言っていません。金正恩は国内で「核兵器は絶対に放棄しない」と、宣言しているようです。

北朝鮮は非核化をちらつかせながら、ひたすら引き延ばしをするでしょう。金正恩は長引かせれば長引かせるほど北朝鮮にとって有利だと考えています。トランプがもし次の大統領選挙で当選したところで、4年で政治の舞台からはいなくなる。自分は死ぬまでトップにいるつもりです。

不調に終わった米朝会談
2019年2月
ベトナム・ハノイ
2回目の米朝首脳会談
No deal!
トランプ
金正恩
Yong
寧辺の核施設の
廃棄の見返りに
経済制裁の解除を求めた
他の核関連施設の
破棄も要求
バッドディールを
するくらいなら
ノーディール
交渉決裂

独裁国家と民主的な選挙で選ばれた人がトップに立つ国家が交渉するときには、こうした問題があるということです。

■2回目の会談の場がベトナムだったワケ

北朝鮮はいつまでも核兵器を交渉のカードとして使える。トランプ大統領は「ディールが好きだ」と言っています。彼はこれまで、不動産業で交渉するときは必ず1対1で最初に過大な要求をふっかけ、相手をびっくりさせて妥協を引き出すということをやってきました。北朝鮮に対しても同じことをやっています。最初の段階では「ロケットマン」と呼び、「核兵器のボタンは自分のほうが大きい」と言ったり、空母を近くに派遣したり、「いつでも北朝鮮を潰《つぶ》すことができるんだぞ」と脅すことによって交渉に引っ張り出してきました。

トランプとしては「俺のディールがうまくいった」と思っていたのでしょう。その点、北朝鮮はしたたかです。金正恩委員長はまだ30代ですが、彼の下で対米交渉の筋書きを

書いているのは大ベテラン。ディールにおいては、北朝鮮の方が一枚上手です。

ちなみに、なぜ2回目の会談の場がベトナムだったのか。

ベトナムもかつては南北に分断され、北ベトナムはアメリカの支援を受ける南と対立していました。しかし、北が南を吸収合併することで統一を果たし、現在はアメリカとの関係も改善。経済は急激に発展しています。

「北朝鮮も、こんなふうになれるんだ。1党独裁の下でも反米をやめてアメリカと仲良くすれば、これだけ発展するんだぞ」という現実を見せたかったのでしょう。

実は1回目の首脳会談のときにアメリカは、北朝鮮が発展する未来のCGを特別に作らせて金正恩に見せています。2回目はCGを作らなくてもよかったのです。

北朝鮮のあるべき将来像を見せることができるのがメリットだったのです。

北朝鮮にもメリットがありました。ベトナム式の改革開放戦略の勉強です。ベトナムは中国と仲が悪く、独自の路線をとっています。それで発展してきました。

中国は北朝鮮に対して「改革開放政策」を勧めてきましたが、金正恩としては北朝鮮が中国に呑《の》み込まれてしまうことを懸念しています。金正恩は自分の叔父《おじ》の張成沢《チャンソンテク》を粛

清しました。あれは、張成沢が自分の兄の金正男《キムジョンナム》をトップに据え、中国式の改革開放政策を進めようとしていることを知って、殺害を命じたといわれています。**ベトナムとの関係を強化すれば、中国への牽制《けんせい》になります。**

もちろんベトナムにもメリットがあります。**アメリカとの関係を強化できること**です。ベトナムは、**南シナ海の領有権をめぐって中国と対立**しています。中国と張り合うためにはアメリカの後ろ盾が必要なのです。

米朝は物別れに終わってしまいましたが、**ベトナムでの開催は3カ国の思惑が一致したのです。**

米中の冷戦の狭間《はざま》で、東アジアは翻弄《ほんろう》されることになりそうです。

■金正恩とプーチンが初会談

何かとお騒がせな北朝鮮が、2019年5月4日、日本海に向けて9発の飛翔体を発射しました。完全非核化を迫るアメリカを牽制するのが狙いなのでしょう。「飛翔体」

とは聞き慣れない用語です。要するにミサイルなのですが、「ミサイル発射」と言うと、北朝鮮が国連決議に反したことをした疑いが濃くなります。韓国やアメリカは北朝鮮との関係を悪化させたくないので、こういう表現を使ったのです。

ベトナムのハノイで開かれた北朝鮮の金正恩委員長とアメリカのドナルド・トランプ大統領の2回目の首脳会談は物別れに終わりました。

理由はアメリカ側と北朝鮮側のギャップです。トランプ政権はミサイル発射場も含めた施設の廃棄を求めていますが、北朝鮮側は、どうでもいいような寧辺の核施設の廃棄を条件に、経済制裁を一部ではなく全面解除してほしいと要求しました。経済制裁解除に見合うだけの「全面的な非核化」を約束しなかったので、決裂となったわけです。

北朝鮮への経済制裁は、かなり効いているようです。北朝鮮は出稼ぎ労働者を海外へ派遣し、外貨を獲得していますが、国連の制裁決議は加盟国に対し、2019年末までに北朝鮮の出稼ぎ労働者を送還するよう規定しています。

ロシアは現在、北朝鮮労働者にとって主要な出稼ぎ先です。トランプ大統領との2度目の会談を終えた金正恩氏は、その後、ロシアのウラジオストクへ赴き、ウラジーミ

ル・プーチン大統領と初の首脳会談を行いました。トランプ大統領に冷たくあしらわれ、「プーチン大統領、助けて」ということでしょうか。ロシア入りした金正恩は、「訪問は最後ではなくはじめの一歩だ」と、関係強化への意欲を示しました。

ロシアとしても北朝鮮の非核化に関与し、再び北朝鮮に対して影響ある立場に立ちたい。両者の思惑が一致したのです。

しかし、結局、プーチン大統領は北朝鮮を支援するという言質は与えなかったようです。金正恩は予定を切り上げて、さっさと帰国してしまいました。

韓国にはアメリカ軍が駐留していますから、北朝鮮はロシアにとって「緩衝地帯」となっています。それが、ロシアが〝ならずもの国家〟といわれる北朝鮮を支援する理由です。アメリカ、ロシア、中国を天秤《てんびん》にかけるような外交を展開する金正恩が、今後、はたしてどのような姿勢で臨むのか。安倍晋三首相は、「条件をつけずに金正恩委員長と会談したい」とまで言って秋波を送っていますが、さて日朝首脳会談は実現するのか、注目です。

第5章　ＡＩとグローバル化の波に翻弄される私たち

■新元号を予測できなかったＡＩ

最近、学生たちから「ＡＩ（人工知能）によって、将来、私たちの仕事はどうなるのでしょう」と質問されることが多くなりました。

確かに、脅威に感じる対象ではありますね。でも**ＡＩは本当にそんなに万能なものなのでしょうか**。

２０１９年4月、世界最大手の電子商取引企業アマゾン・ドット・コムが、日本で「偽物」製品をおすすめ商品（amazon's choice）として紹介して話題になりました。ＡＩの偽物検査システムを過信したことから起きた出来事です。

今回の新元号が何になるか、ＡＩに予測をさせたプロジェクトがありました。ＡＩがさまざまなデータをもとに、予想される漢字2文字の組み合わせを考え出したわけです。ＡＩが予想した元号は「日安」でした。見事にはずしましたね。

どのようなアルゴリズム（問題を解決するための方法や手順のこと）をつくって予想させたのか。

元号はもともと、どのようなものがふさわしいか選定のルールが決まっています。まずは漢字2文字であること。読みやすく書きやすいこと。

このルールから考えれば、常用漢字の中から選ばれることがわかります。そして過去に使われたことがないもの。これまでに247の元号が使われていますから、それらは除外します。中国などで過去に使われたものも除外です。さらに、明治（M）、大正（T）、昭和（S）、平成（H）と同じ頭文字になるものも除外します。

このような条件を当てはめてアルゴリズムをつくると、かなり絞られてくるはずです。にもかかわらず、当てることができなかったのはなぜか。

AIに予想させた会社によれば、『万葉集』はデータに入れていなかったというのです。

これまでの日本の元号は、中国の古典から選ばれてきました。『史記』や、『論語』などのいわゆる四書五経といわれるものなどで、もっとも回数が多いのは儒教の書物からです。今回は単に『万葉集』で使われている漢字が設定されていなかったため、大外れという結果になってしまいました。

安倍晋三首相はいわゆる国粋主義的な思想傾向があるから、漢籍から採ることには不快感があるのではないか。首相は折に触れて「前例にとらわれず国書からでもいいのではないか」と、日本の古典を典拠とする意欲を見せていました。それなら、日本の古典の中から採用する可能性もあるという考えを、AIを動かした担当者が持っていたかどうか。さらにいえば、日本の古典といえば『古事記』、『日本書紀』は誰もが思いつくでしょうが、これではやはり海外から「国粋主義的だ」との批判を受けかねません。『万葉集』は、日本最古の歌集であるとともに、天皇や貴族だけではなく防人《さきもり》や農民といった幅広い階層の人々が詠んだ歌が収められ、「詠み人知らず」の歌も多くあるとされてきました。『万葉集』を典拠とすれば、国粋主義的だという批判を受けずにすむのではないかと考えたのでしょう。そこまで、アルゴリズムをつくった人が考えていれば、もしかしたら新元号「令和」を当てられたかもしれません。

そもそも**人間が、どのようなアルゴリズムをつくるのかが問題**なのです。

■あえてＡＩの弱点を考える

あえてＡＩの弱点を考えてみましょう。

ＡＩは、大量の情報から一番適した答えを短時間で導き出す能力に優れています。しかし、メリットばかりではありません。

アメリカでは、こんなことがありました。２００７年、アメリカのワシントンD.C.で、子どもたちの学力が低いということが大きな問題になりました。子どもたちの学力が低い原因は先生の教え方が悪いのだろうということになり、一大プロジェクトが組まれました。

定期的にテストをし、子どもたちの学力水準がどれほど上がっていくか調べ、教えている先生をランク付け。そして毎年、下位５％の教師を機械的にクビにしていくというアルゴリズムをつくったのです。こうしてダメな教師を排除していけば、生徒の成績は上がるだろうというわけです。

しかし、奇妙なことが起こりました。非常に教え方がうまく、生徒の成績を上げ、親

からも信頼されてきた中学校の先生が下位5％に入り、学校をクビになってしまったのです。おかしいと思って、教育委員会にどのような基準になっているのか尋ねたら、「アルゴリズムがどのようなものか、われわれにはわかりません」「とにかくそういう仕組みなので」の一点張り。結果的に、アルゴリズムはわからずじまいでした。

ところが、これが思わぬところで発覚します。生徒たちの小学校時代の答案用紙に大規模な改竄《かいざん》のあとが見つかったのです。つまり、教えている子どもたちの成績が上がらないとクビになると危機感を持った小学校の先生たちが、答案用紙の誤った答えを消して、正しい答えに書き換えて提出していたのです。

中学に入学した生徒たちは、実際の学力は低いのに高いことになっていました。中学の先生は一生懸命に教えるのですが、それでも学力は前より落ちたことになってしまいました。

アルゴリズムで教師を機械的にクビにする。一見、よい教育改革ができるかのように思ってしまいます。しかし、教育委員会やアルゴリズムをつくった人は**「人間とはどういうものか」がわかっていなかった**のです。

自分がクビになるかもしれない、となれば、人は悪事にも手を染めてしまう。**人間とは弱いものなのです。**結局、悪事には手を染めなかったためにクビになってしまった先生は、その後、優れた私立学校に採用が決まったそうですが、洞察力がないままアルゴリズムをつくると、思いもよらないことが起きるということです。

■データだけで判断することの危うさ

ほかにも、同じような例はありました。1983年、ロナルド・レーガン政権のもと、アメリカで『危機に立つ国家』という連邦報告書が出されました。アメリカの学生・生徒の学力がどんどん落ちている。アメリカの教育の危機的状況を訴えた報告書です。当時、大騒ぎになりました。

アメリカの教育は何が間違っているのか。アメリカの子どもたちに比べ、日本の子どもたちは学力が高い。どこが違うのか。日本には「学習指導要領」というものがあって、全国どの地域で教育を受けても、一定の水準の教育を受けられるようになっている。ア

メリカにはそういう仕組みがない。日本に倣《なら》って、アメリカ版学習指導要領をつくろうということになりました。「学力向上」を国家教育目標として、アメリカ独自の教育課程（カリキュラム）がつくられたのです。

ところが最近になり、報告書自体の信憑性《しんぴょうせい》が疑われるようになってきました。

そもそもアメリカの大学入試は、日本のようなものではありません。アメリカの大学進学希望者を対象とした共通試験「ＳＡＴ」（大学入試適性検査）は、１年間に複数回実施され、繰り返し受けることが可能です。その中でもっともスコアのいいものを大学に送ります。あとはエッセイといわれる小論文を書き、高校の先生に推薦状を書いてもらって選抜が行われる仕組みです。

その全米標準テストともいわれるＳＡＴの成績がどんどん落ちていった……。確かに報告書のデータだけ見れば、アメリカの学生たちの学力が下がっているように見えます。ところが本当にそうだろうかと検証された結果、**学力が低下したのではなく大学へ進学する人の数が増えていたことが明らかに**なりました。

１９８０年以前は、アメリカで大学へ進学するのは限られた成績優秀者のみ。ＳＡＴ

を受けるのも、もともと成績がいい学生たちだけでした。しかし1980年代、大学進学率が急激に伸び、それまでなら大学進学を考えなかったような生徒たちもSATを受けるようになった。その結果、平均点が下がっていったというわけです。

当時のアメリカの学力低下の裏に「大学の大衆化」があったのですね。**データだけで判断することが、いかに危険なことかがわかります。**

■犯罪予測システムの〝罪〟

あるいは最近、アメリカで大きな問題になっているのは犯罪予測システムです。アメリカのペンシルベニア州の小さな町で、犯罪予測システムというものを導入しました。町のどこで、何曜日の何時ごろ、ひったくりがある、あるいは強盗があるなど、どのような犯罪が起きているかを調べてデータを入れていきます。すると一定のパターンが出てきます。

たとえば「金曜日の夜11時ごろ、このあたりでひったくりが多い」といった予測がで

きるようになったのです。ビッグデータが犯罪予測を可能にしたというわけです。

その分析結果に基づいて、犯罪が発生する確率の高い地域・曜日・時間帯に重点的に警察官を配置しておけば犯罪の防止につながるというわけです。

ところが、警察官の多くは白人です。白人警察官の中には一定の〝偏見〟を持っている人がいます。「悪いことをするのは黒人だ」と、どこかで決めつけているのです。黒人の若者を見つけると片っ端から職務質問していきます。すると、たまたまマリファナを持っていた黒人がいたりします。

こうして白人警察官は、次々に黒人を逮捕していきました。結果的に凶悪犯罪は減ったものの、「黒人の犯罪率が上昇する」というデータができあがってしまいました。ますます黒人が疑われ、留置場に入れられる事態になってしまったのです。

犯罪予測システムを導入し、データを見て分析をする。これ自体は悪いことではありません。しかしアメリカ社会で、「白人警察官の偏見」という要素を計算に入れていなかった結果、本来なら捕まえる必要のなかった黒人たちが次々に逮捕されることになってしまいました。

　これがいかに危険なことか。データを蓄積し、ビッグデータを用いて犯罪を防ぐ。そういう技術だけでは不十分なのです。**いわゆる「社会」がそもそもどうなっているのかを知ること、これもまたとても大切なこと**なのです。

人間を知る、社会を知るということは、ＡＩには不可能です。

■ＡＩで中国が圧倒的に有利なワケ

ＡＩを進化させるには、大量の学習データが必要となります。つまりビッグデータが不可欠です。ビッグデータを簡単に集められる中華人民共和国は、ＡＩのディープラーニング（深層学習）において圧倒的に有利といえます。なにしろ人口約13億人のビッグデータを独り占めにできるのですから。

　しかし、ＡＩとビッグデータ、キャッシュレス社会がつながると、思いもよらないことが起きます。

　前章で述べたように、中国人は現金を使わなくなっています。中国から大勢の観光客

が日本に来ていますが、一番不便なことが「日本に来たら、財布を買わなければいけないことだ」というのです。

中国では露店だろうとどこだろうと、QRコードの紙が貼ってあるのでスマホでそのQRコードを読み取ると、一瞬にして支払いが完了します。

中国人はほとんどアリババのアリペイを使っているので、アリババにはこの膨大なデータが集まってきます。アリババの経営者は中国共産党の党員ですから、共産党の指示によって動いています。

日本でも経済産業省がキャッシュレス化を推進しています。2025年に開催される大阪・関西万博に向けて、電子決済の普及を進めていく方針だと発表しました。また、先を見据えて2027年6月までにキャッシュレス決済比率を4割程度にしたいということです。しかし、日本は現金払いが主流で、しかも2024年の上期には新紙幣が発行されるというのですから、キャッシュレス化に逆行していますよね。

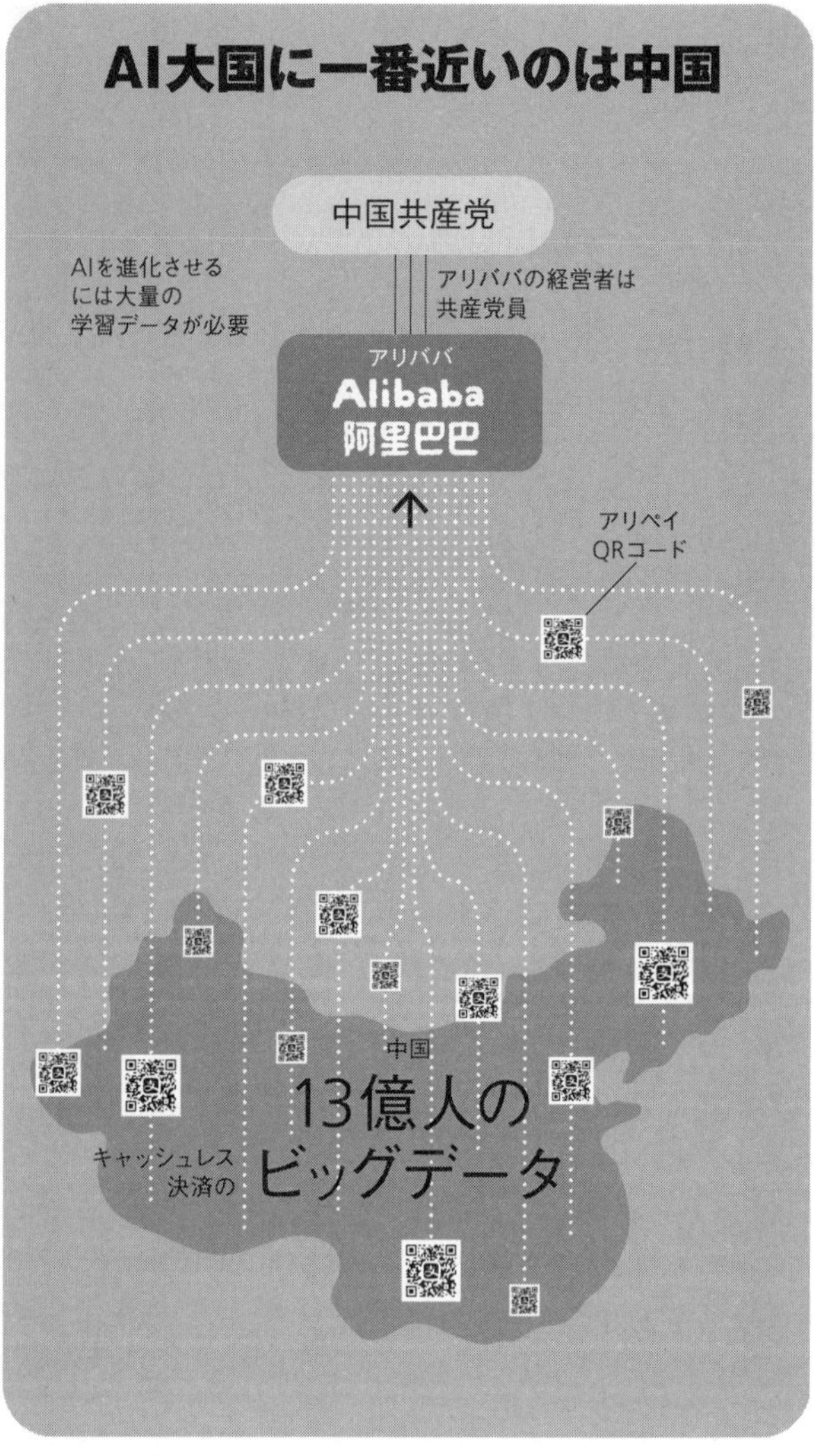
AI大国に一番近いのは中国
中国共産党
AIを進化させるには大量の学習データが必要
アリババの経営者は共産党員
アリババ
Alibaba
阿里巴巴
アリペイ
QRコード
中国
キャッシュレス決済の
13億人のビッグデータ

■日本を悩ます「リープフロッグ現象」

中国でキャッシュレス化が急速に進んだ背景には、偽札が多かったという事情もあります。印刷技術も悪いので、中国で100元札を払おうものなら目の前で透かしてチェックをされる。しかもお札が汚れているのです。その点、日本はお札がきれいです。気付いていないかもしれませんが、ATMから出てきたお札はほんのり温かい。あれはATMの中で殺菌をしているからです。結果的に、現金社会のままキャッシュレス化が遅々として進みません。

日本より遅れていた中国が、日本を飛び越して一気にキャッシュレス社会に到達してしまった。こういうことを「**リープフロッグ現象**」といいます。文字通りLeap（跳ぶ）Frog（カエル）＝「カエル跳び」ですね。

電話においても同様です。日本は全国に電話回線をはりめぐらせました。しかし、**アフリカや中東などでは、固定電話の回線がないため、固定電話の普及を待たずに携帯電話やスマートフォンが急速に普及**しました。

リープフロッグ現象とは？

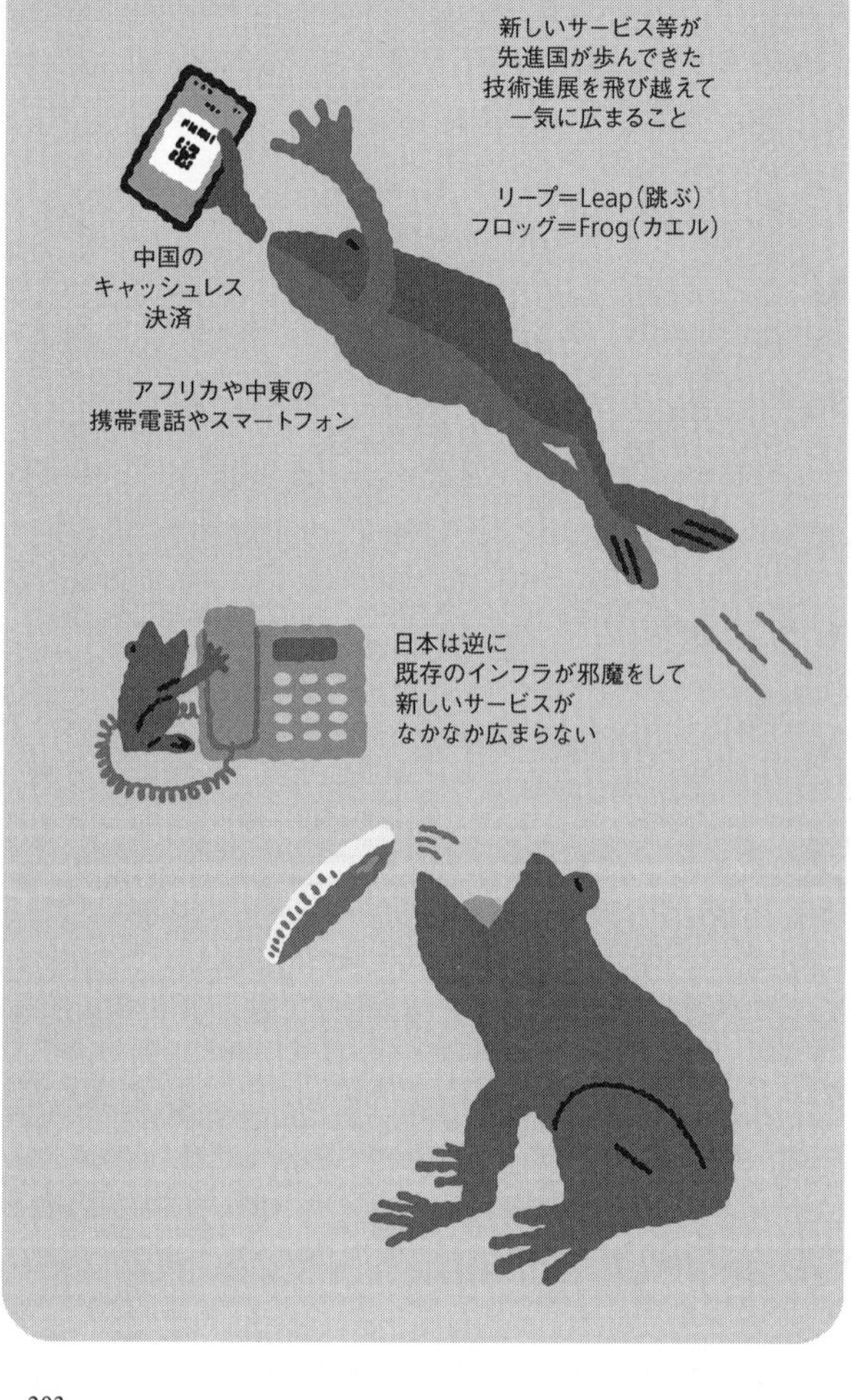
新しいサービス等が
先進国が歩んできた
技術進展を飛び越えて
一気に広まること
リープ＝Leap（跳ぶ）
フロッグ＝Frog（カエル）
中国の
キャッシュレス
決済
アフリカや中東の
携帯電話やスマートフォン
日本は逆に
既存のインフラが邪魔をして
新しいサービスが
なかなか広まらない

たとえばケニアには地方へ行くと銀行がありません。支払いができる銀行がないので、スマホで支払いができる「エムペサ」というモバイル送金サービスが普及しています。ケニア人の9割が使っているそうです。ケニアの田舎に取材に行ってお米の売買を見たのですが、一瞬で支払いが終わっていました。

ちなみに世界でもっともキャッシュレス化が進んでいるのはスウェーデン。98％を超えているといいます。

スウェーデンに取材に行ったとき、念のため100ドルをスウェーデン・クローネ（クローナ）に両替したのですが、結局、使わずに終わりました。タクシーだろうが何だろうが、すべてクレジットカードで支払いが終わってしまう。そのとき気付きました。ドルやユーロなら、日本円でだいたいいくらくらい使ったか把握できますが、クローネだとわからない。計算が面倒くさいから結局いくら使ったのか把握できないまま帰国してしまいました。けっこう無駄遣いをしていました。**よくいえば、消費が拡大するメリットはあるのかもしれません。**

カナダでは、1セント硬貨が廃止になりました。キャッシュレス社会のメリットとし

てコストの削減があげられます。お金を製造するのは無料ではありません。紙のお札より、アルミや銅などを使うコインはコストがかかります。

将来的には、**それぞれの人がどんなお金の使い方をしているのか、すべて一括して管理ができるようにしたい**。中国はまさにそれをやろうとしています。

日本では２０１９年10月から消費税率が10％になります。「クレジットカードを使えばポイントを還元します」と、少しでも消費税増税に伴う負担を軽減するのが狙いのように言っていますが、**キャッシュレス社会にしようと誘導している**のです。

■殺人ＡＩ兵器が戦場を変える？

ＡＩは兵器にも使われています。ＡＩ兵器は「自律型致死兵器システム（ＬＡＷＳ）」とも呼ばれ、人間が介在せず、自動的に目標を定めて攻撃する。**価値判断ができないゆえに無人兵器に利用されるのが問題**です。

いまは各国とも自国の兵士が死ぬことが最大のリスクです。なんとか死なないで済む

ようにするために無人兵器を導入します。無人機にＡＩを搭載し、はるか遠くから敵を見つけて殺傷します。

たとえばイスラエルがパレスチナにおいて、顔認証ソフトを入れた無人の飛行機を飛ばしています。上空で過激派を探し続け、本人と認識すれば小型ミサイルを発射する。顔写真をＡＩに覚えさせて飛び立たせれば、あとは勝手に判断してくれるのです。

攻撃などの判断に人間が関与すると、標的を見つけたけれどそこには家族がいる、あるいは標的が孫を抱いているとなると、スイッチを押すのをためらいます。しかし、ＡＩを搭載したドローンなら、そんなことはお構いなしでミサイルを発射するのです。

世界各国のＡＩやロボット工学の分野でトップクラスの専門家たちは、「私たちが研究しているＡＩを活用した兵器が使われることに反対する」と声を上げています。でも、軍事産業にも研究者は大勢いて、「どうやったら兵器に使えるか」を日々研究しています。

よって、いまの世界では、なかなか**ＡＩ兵器の研究を阻止できないという現実**があります。**ＡＩをどう使えばよい社会になるのか、それを考えるのは人間**です。

■AIに勝つには〝逆転の発想〟

『AI vs.教科書が読めない子どもたち』の著者で、国立情報学研究所の新井《あらい》紀子《のりこ》教授は、2011年より、東京大学合格を目指すAI「東ロボくん」の研究・開発をすすめてこられました。しかし2016年、東大の入試を突破できるだけの能力を身につけることはできなかったと、プロジェクトを断念しました。

結局、**AIは東大の入試問題の意味を理解することができなかった**のです。単純な計算なら瞬時に解くことができます。しかし「検索による膨大な知識はあっても文章の読解力が致命的にない」そうです。ただ、MARCH（明治、青山学院、立教、中央、法政の各大学）のうちの複数の学部は突破できる力を獲得したそうです。東大の入試問題は実によく練られているので、簡単には解けないということです。

AIはまだその程度です。ただ、だからといって安心できるわけではありません。AIは意味を理解できない。**意味を理解できるのが人間の優位性だと考えれば、読解力をつけていなければAIに負けてしまう可能性が高いのです。**

いまの小学生が社会人になったときは、いまは存在しない新しい仕事に就く人が多いだろうといわれています。仕事がなくなるというマイナスの側面だけを見れば心配ですが、新しい仕事や役割が生まれるというプラスの側面もあるはずです。

若い人はこれからどんな仕事を選べばいいのか、そういう発想ではなく、**自分がどんな仕事をしたいのか、何を学び、どんな働き方をしたいのかという視点**が必要なのです。それが現在世の中にないものであれば創り出せばいいのです。

これまでマイクロソフトのビル・ゲイツや、フェイスブックのマーク・ザッカーバーグ、あるいはアマゾンのジェフ・ベゾスは「こんな仕事があったらおもしろい」「こんなサービスがほしい」、でも、ないなら自分でつくればいいじゃないかと考えました。

新規ビジネスをＡＩが考え出すのは困難です。これからの働き方、生き方を考えるには、既存の中から選ぼうとするのではなく、自分はどんな仕事をやりたいのかと、逆転の発想で考えることが必要なのです。

■「ＬＧＢＴには生産性がない」発言で炎上

日本でも、この言葉がだいぶ浸透してきました。「ＬＧＢＴ」です。

最近では、自由民主党の杉田《すぎた》水脈《みお》衆議院議員が『新潮45』に寄稿した「ＬＧＢＴには生産性がない」といった論考に批判が殺到しました。「ＬＧＢＴのカップルは生産性がない（子どもが産めない）から、その人たちに税金を投入するのはおかしい」という主張ですが、そもそも国も行政もＬＧＢＴの人のための支援などしていません。税金が投入されていないのです。そういう事実誤認があるのですが、そもそも人間に対して「生産性」という言葉を使うこと自体が間違いです。

ＬＧＢＴとは、レズビアン、ゲイ、バイセクシュアル、トランスジェンダーの頭文字を並べたものです。

何をいまさら……と思われるかもしれませんが、一応解説しておきます。

Ｌ（レズビアン、女性同性愛者）は、体と心の性別は女性で、性的指向も女性である人のことです。

G（ゲイ、男性同性愛者）は、その男性版。体と心の性別は男性で、性的指向も男性である人のことです。

B（バイセクシュアル、両性愛者）は、体と心の性別を問わず、性的指向が両性である人のことです。体と心は男性で、男性も女性も好きになる人もいれば、体は男性で心は女性で、男性も女性も好きになる人もいます。

外見は男性ですが女性の心を持ち、男性を好きになると一見「ゲイ」に見えますが、この場合はT（トランスジェンダー、出生時に診断された性と自認する性の不一致）です。外見は女性で男性の心を持つ人も同じです。

自分の周りにはいないと思っているかもしれませんが、LGBT総合研究所が全国の20歳から59歳の個人10万人を対象に調査したところ、回答した9万人のうち約8％がLGBTなどの性的マイノリティであると回答しています。つまり日本には、13人に1人の割合でLGBTと呼ばれる人が存在するのです。これまでは隠していた人が多かったので、気付かれていなかったということでしょう。

世界では、国民投票により同性婚が認められたアイルランドをはじめ25カ国で同性婚

が認められていますが、アジアで同性婚が法律で認められている国はまだありません。しかし、日本では2015年11月から、東京都渋谷《しぶや》区と世田谷《せたがや》区でそれぞれの条例などに基づく証明書などが発行されるようになりました。

■戦国時代の衆道

こうしたLGBTをめぐって「日本の伝統に反する」と主張する人もいます。どうも歴史を知らないようですね。

織田《おだ》信長《のぶなが》と森蘭丸《もりらんまる》、武田《たけだ》信玄《しんげん》と高坂弾正《こうさかだんじょう》などの例にもあるように、戦国時代、男性の同性愛は「衆道《しゅどう》」と呼ばれ、一部の階級においては、誰はばかることもないごくふつうの関係でした。

2016年のアメリカ大統領選挙で、民主党大会の会場には男性用と女性用、それにール・ジェンダー（性別フリー）」のトイレが設置されました。「心は女性」という人は男性の人が、女性用トイレに入るとトラブルが起きうるからです。

北欧の空港の男性用トイレに入ったとき、すべて個室になっていて違和感を抱いたことがありましたが、いまになってわかります。体と心の性が一致しない人にとって、個室なら問題にならないからでしょう。

欧米の街中を歩いていると、虹色の旗（レインボーフラッグ）が掲げられているのを見かけることがあります。性のあり方にはあらゆる色があるという意味が込められ、LGBT「セクシュアル・マイノリティ」のシンボルとして使われています。LGBTの人を歓迎したり、集まりやすい環境をつくったりしているのです。**LGBTは人権の問題なのです**。日本国憲法はこう記しています。

第13条　すべて国民は、個人として尊重される。生命、自由及び幸福追求に対する国民の権利については、公共の福祉に反しない限り、立法その他の国政の上で、最大の尊重を必要とする。

第14条　すべて国民は、法の下に平等であって、人種、信条、性別、社会的身分又は門地により、政治的、経済的又は社会的関係において、差別されない。

IOC（国際オリンピック委員会）が五輪憲章で性的指向による差別を禁じたことから、**今後LGBT差別のある国では、オリンピックが開催されなくなるといいます。**

2020年の東京五輪を控え、日本も対応が求められます。

■増える、環境難民

環境問題や食料問題など、**地球を危うくする問題は、1つの国の力では解決できない大問題**です。

2018年の夏、日本では35度以上の猛暑日になった猛暑日数が、例年より多かったそうです。30度以上の日を「真夏日」といいますが、最近では30度以上など当たり前になってきました。35度を超す日も珍しくありません。そこで、35度を超えたら何と呼ぶ？　というので、「猛暑日」という言い方が生まれました。

ちなみに2018年夏、沖縄は猛暑日が1日のみ。東京は24日ありました。アスファルトが多い東京は、ヒートアイランド現象で気温が高くなるのです。

ヒートアイランド現象とは、上空から赤外線写真を撮影すると、都会の暑い部分が海に浮かぶ島のように見えるので、こう名付けられました。

暑かったのは実は日本だけではありません。世界的に高温でした。ヨーロッパ、とくにスペインでは、最高気温46度などという日もあったようです。ちょうど夏にスペインに取材に行ったところ、死者が大勢出ていました。

フランスやスペインは、冬は寒いのですが、夏はそれほど暑くならないので、ふつうのホテルにはエアコンがついていません。一般の家庭もそうです。それなのに46度になったので、死者が出たわけです。

ヨーロッパでは暑さで農作物がやられてしまったり、カリフォルニアのあたりも高温で空気がカラカラになり山火事が発生したりしました。

長い目で見ると温暖化が進んでいるのは確かです。

テレビ東京の番組の取材で、インド洋に浮かぶ島国モルディブへ行って来ました。**この国が抱える最大の課題は地球温暖化で、海面が上昇している**とのこと。ここで温暖化対策に取り組んでいるＵＮＤＰ（国際連合開発計画）常駐代表の野《の》田《だ》章子《しょうこ》さんによれば、

毎年３㎜ずつ島が沈んでいるというのです。10年で３㎝です。確かに、人々が住む住宅近くまで海が迫っていました。島が沈めば総人口40万人が**「環境難民」として移住しなければなりません**。

モルディブでは、これまで地下水を飲料水や生活用水に使っていましたが、地下に海水が浸透するようになりました。塩分濃度が高くなって飲めなくなり、ミネラルウォーターに頼るようになったため、いまではペットボトルのゴミが大量に出ます。こうなるとプラスチックゴミの問題も深刻になります。２０１９年５月に行われた有害廃棄物の国境を越えた移動を規制するバーゼル条約締約国会議では、汚れた廃プラスチックが対象に加えられました。

このまま温暖化対策を何もとらなかった場合どうなるか。環境省が「未来の天気予報」をつくっています。２１００年、未来の天気予報では、東京の気温は44度。**温暖化は、１つの国の取り組みだけで解決できる問題ではありません。世界の国々が協力した取り組みが必要**です。

アメリカがパリ協定から離脱すると、日本の温暖化対策はもちろん、世界中の国に影

響が出るのですが、ドナルド・トランプ大統領は「気候変動報告など信じない」そうです。

■グローバル化、技術進歩は人を幸せにするのか？

近年、「経済格差」が世界の多くの国で拡大し続けていますね。**グローバル化や技術進歩がその一因とする意見も**あります。

ブータンに行ったことがあります。中国とインドに挟まれた南アジアの小さな国です。ブータンでは国内総生産（GDP）に代わる尺度として、国民総幸福（GNH＝Gross National Happiness）という独自の考え方を国家の指標として打ち出しています。

GDPはすべてを金額に置き換えて計算します。取引の付加価値を足していったものがGDPです。すると、たとえば交通事故が起きて自動車が壊れ、新しい車に買い換えればGDPは上がる。ケガをして病院に運ばれ、医療費がかかればGDPは上がる。死んで葬儀代を払えばGDPは上がるのです。

GDPが高ければ一般的には豊かであり、幸せな人が多いだろうという傾向はありま す。だからといって、前述のような理由があるため、高ければ高いほどいいというもの でもありません。でも残念ながらGDPに代わる指標がないのです。

ブータンはどういう基準で幸福量を測るのか、現地で話を聞きました。すると国民にアンケートを取っているというのです。たとえば「あなたは1日にどれくらい瞑想《めいそう》の時間を取っていますか?」という質問がありました。瞑想とはじっと目を閉じて来し方を振り返ること。そういう時間を取っているかということです。チベット仏教を国教とするブータンならではの質問です。私はこれを聞いて本当に反省させられました。ちょっと目を瞑《つぶ》ると、寝てしまいそうだからです。

あるいはこんな質問もありました。「地域の祭りにどれくらい参加していますか?」。地域に祭りがあるということは、コミュニティがあるということです。日本はいま少子高齢化に伴い過疎化が進んで、地域のコミュニティが崩壊しています。昔からのお祭りもどんどんなくなっています。しかし、地域のコミュニティがあるというのはとても大事なこと。そしてその祭りに参加するということは、その人が地域に受け入れられて

いるということです。その地域の中で暮らすことができているということ。村八分にされていたら、祭りには参加できません。

こういうことが、幸せにつながっていくのだというのがブータンのＧＮＨという考え方です。

ＡＩもその他の技術革新も、人を幸せにするものでないと意味がないはずです。恐れるのではなく、どう使うかを考えましょう。**ＡＩが暴走するなら、それを制御できるのも人間なのです。**

第6章　憲政史上最長政権へ。安倍政権は日本をどこへ？

■デフレ脱却には「働き方改革」？

平成が始まったころ、バブルはピークにありました。平成時代とは、そのバブルがはじけてからの30年でした。奇《く》しくも**東西冷戦が終わってからの30年と重なります。**ところが、**日本はまだデフレから抜け出せずにいます。**

２０２０年に東京オリンピック・パラリンピック、２０２５年には大阪・関西万博と国際的なイベントの開催を控え、**政府はこれらを成長の起爆剤としてその後の発展につなげたい**との思いがあるのでしょう。しかし、逆にこうした巨大イベントが終わってしまうと、大盤振る舞いのツケで不況に陥ると予測する人のほうが多いようです。

日本が成長できないのはなぜなのか。

かつて日本が高度経済成長を実現させたとき、アメリカの社会学者エズラ・ヴォーゲルは「**ジャパン・アズ・ナンバーワン**」と言いました。モノ作り大国となった日本。世界から賞賛されたメイド・イン・ジャパンはソニーのウォークマンをはじめ、オートフォーカスカメラ、ラップトップ型パソコンなど数多くありました。当時は、ピラミッド

型の指揮命令系統の中で優秀な人材が育ち、ヒット商品が生まれるとみられていました。

また、世界時価総額ランキングの10位までに7社の日本企業がランクインし、上位50社のうち32社が日本企業という勝ちっぷりでした。まぎれもなくジャパン・アズ・ナンバーワンの時代だったわけです。

しかし2019年3月末時点でのランキングを見ると、トップ10に入る日本企業は1社もありません。1位はアメリカのマイクロソフト、2位がアメリカのアップル、3位がアメリカのアマゾン・ドット・コムと、1位から6位までをアメリカの企業が独占しています。そして7位に中華人民共和国のアリババ・グループ・ホールディング。なんと、ベスト10のうち8社がアメリカで2社が中国。日本はかろうじてトップ50社の中の45位にトヨタ自動車が入っているだけです。

アメリカのシリコンバレーには、世界の名だたる企業が集結しています。そこでひときわ巨大なオフィスを持つのがフェイスブック社です。2004年、当時大学生だったマーク・ザッカーバーグが創業しました。「知らない人とつながれる」という画期的なアイデアで爆発的な人気を誇り、世界で22億人、3人に1人が使っています。

敷地面積は東京ドーム9個分。会社とは思えない雰囲気で、就業時間の決まりもなし。好きなスケジュールで勤務ができます。

日本は部署ごとに島があり、決められた席に座りますね。しかし、フェイスブックは敷地内のどこで仕事をしてもいいことになっています（フリーアドレス）。仕切りのないテーブルで、異なる部署の人も、ベテランも新人も隣同士に座って、思い思いに仕事をしています。そこから革新的なアイデアが生まれるのです。**重要なのは仕事の「質」です。**

日本企業もこれまでの日本流の働き方をしていたら世界に勝てないでしょう。政府は生産性向上と日本経済の再生を図るために2018年6月29日、「**働き方改革関連法**（働き方改革を推進するための関係法律の整備に関する法律）」を成立させました。この法案により、多様な働き方ができるというのですが……。

■安倍政権が日本を売り飛ばす？

２０１８年、安倍晋三政権は重要法案を次々と成立させました。国民の関心が森友学園《もりともがくえん》への国有地売却問題などに向いている陰で、**「改正水道法」を成立**させています。これは国民の命と暮らしに直結する大きな問題なのに、２０１８年７月の通常国会で、わずか８時間の審議がなされただけでした。

この法改正で重要なポイントは**水道事業の運営を民間企業が行うことが可能になる**点です。日本に住んでいると、水道水が飲めるのは当たり前と思っているでしょう。ところが世界中で（日本の基準で）水道水が飲めるのは、国際連合加盟国１９３カ国の中で日本以外にアイスランド、ドイツ、フィンランド、ノルウェー、南アフリカ共和国、アイルランド、オーストリア、デンマークの８カ国だけです。

そもそも日本と海外では水道水に対する考え方が違うのです。**日本では、水道水は飲むことを前提としています**が、海外では水は買って飲むものという認識が一般的です。水道水は洗濯や入浴に使うもので、飲むことを前提にしていない国が多いのです。

では、日本でなぜ水道法の改正が必要だったのか。
２０１８年6月18日に起きた大阪府北部地震により、老朽化してもろくなった水道管が破裂し、断水の被害が相次ぎました。以前、私が解説したテレビ東京の番組『今、地方を知れば日本がわかる！　池上彰のご当地ウラ事情』では、京都の水道管問題を取り上げました。京都でも水道管の破裂や漏水が大小含め年間５５００件も起きているといいます。

水道管の法定耐用年数は40年と定められています。日本では**高度経済成長期に一斉に上水道管路が整備された**ので、日本全国で**その水道管の寿命がきている**のです。

ならば早く交換すればいいと思うかもしれませんが、水道管の更新は大変な手間がかかる作業ですし、何よりも莫大《ばくだい》な費用がかかります。古い水道管を撤去し、新しい水道管20ｍ分を設置する工事に作業員7人。コストは総額２５２万円だそうです。

水道事業は各自治体の独立採算性です。人口減少↓使用料減少↓収益減少となり、**赤字体質の自治体が多くなっている**のです。つまり、お金がないので水道管を取り換えたくても取り換えられない。

そこで、水道事業にも民間の力を！　というわけです。

■日本の水道水が飲めなくなるかも

ただ、水道事業の民営化は以前から海外では行われてきており、さまざまな問題が起きています。1999年、水道民営化に踏み切ったアメリカのアトランタでは、運営コスト削減のため職員を半分に減らした結果、メンテナンスが追い付かなくなり水道管が破裂。泥水が混じるなど水質も著しく悪化しました。

イギリスでは1989年に民営化したところ、水道料金が3倍になりました。一方でその水道業者の社長は年間4億円の報酬を受け取っていたというのです。

死傷者を出した国もあります。南米ボリビアです。水道料金が倍以上に跳ね上がり、抗議デモを武力で弾圧したところ200人の死傷者がでました。

民間は儲《もう》けを出さなければ成り立ちません。政府は**「コンセッション（公共施設等運営権）方式」を採用**すると言っています。**運営権だけを売却し、所有権は自治体のまま**

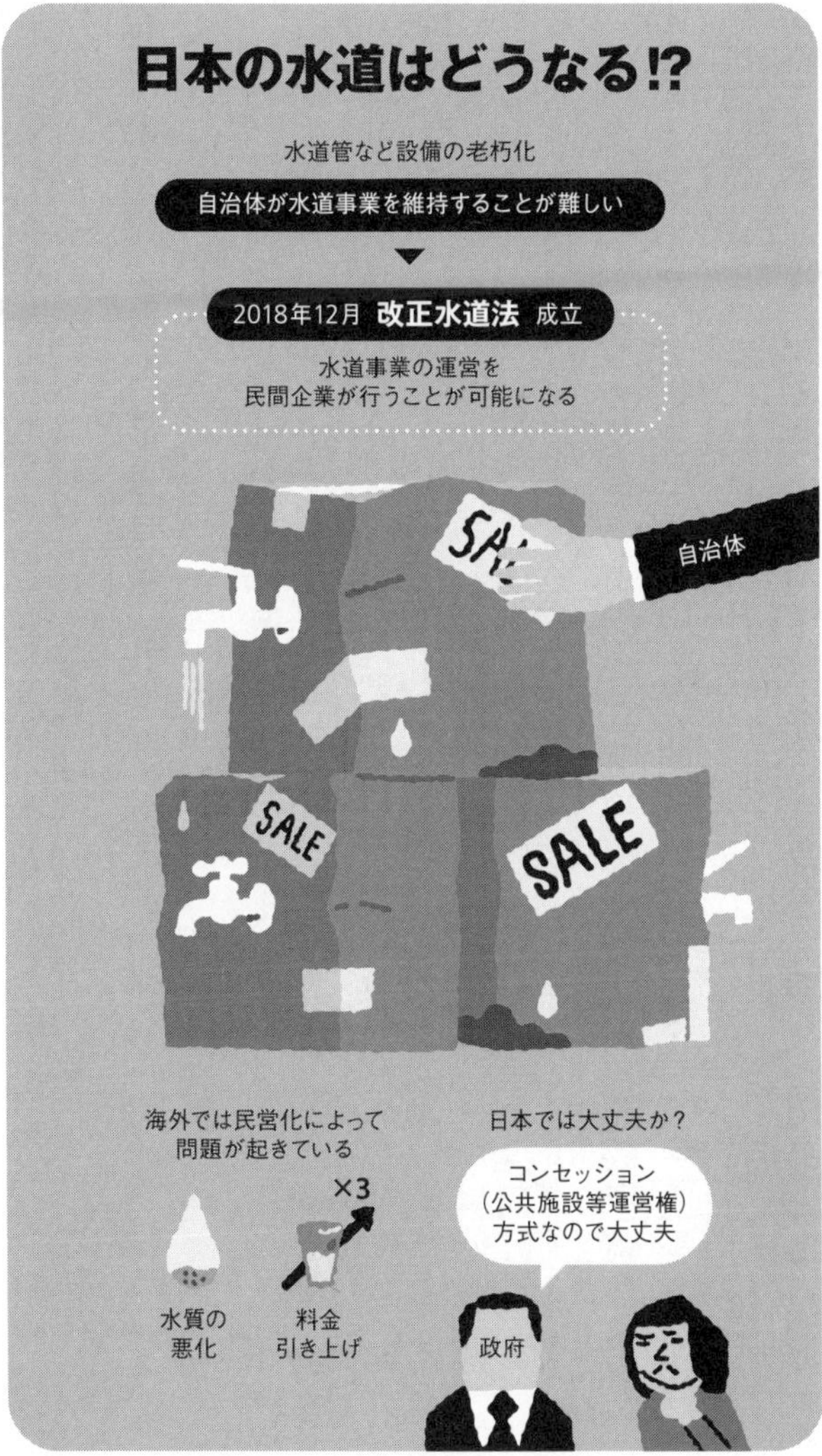
日本の水道はどうなる!?
水道管など設備の老朽化
自治体が水道事業を維持することが難しい
2018年12月 改正水道法 成立
水道事業の運営を
民間企業が行うことが可能になる
自治体
SALE
SALE
SALE
海外では民営化によって
問題が起きている
×3
水質の
悪化
料金
引き上げ
日本では大丈夫か？
コンセッション
（公共施設等運営権）
方式なので大丈夫
政府

にして目を光らせるので海外のようにはならないというのですが、果たしてどうなのか。

１９８７年、国鉄（日本国有鉄道）が民営化されました。民営化されても地方の赤字路線も維持しますという約束でした。ところがその後、法律が改正されました。鉄道事業者は届け出を出せば赤字路線を廃止できるようになりました。ＪＲ北海道では赤字路線が次々に廃止されています。

水道事業も、ふと気が付くと、とんでもないことになっていた……とならなければいいのですが。

■政府が外国人受け入れ政策を「大転換」

２０１８年12月8日、**改正入管法が成立**しました。突然「外国人の労働者をどうするか」という話が出てきて、国会が紛糾。あれよあれよとものすごい勢いで強行採決されたけれど、いったい何だったんだろうという印象を持った人も多いことでしょう。

背景にあるのは、深刻な人手不足です。いまや少子高齢化で、とりわけ地方へ行くと

若い働き手がいません。とてつもない労働力不足になっています。

たとえば広島のカキの養殖は、「技能実習生」という名の外国人労働者によって維持されています。あるいはカツオ漁船に乗るのも、高齢者を除けば20代、30代の外国人漁業実習生です。

日本企業の99・7％は中小企業です。国民の約70％が中小企業で働いています。2025年に6割以上の経営者が70歳を超えるといいます。経済産業省の分析では、現状、中小127万社が後継者不在の状態にあるそうです。つまり廃業の可能性があるのです。

2017年、経営悪化により倒産した中小企業は8405件ですが、黒字倒産は実に2万件を超えています。「痛くない注射針」で世界を驚かせた墨田《すみだ》区の小さな町工場・岡野《おかの》工業も、後継者不在のため2018年に廃業となってしまいました。

そこで、女性や高齢者にも働いてもらおうと働きやすい環境作りを急いでいるのですが、なかなか思うようにいかず、外国人に頼るしかないというわけです。

法案成立を急いだのは、2019年4月の統一地方選挙と7月の参議院議員選挙に備

えた**安倍政権の選挙対策**でした。人手不足に悩んでいる企業や農民・漁民などの自由民主党支持者から、**早く外国人労働者を入れてくれと陳情されて解禁した**のです。

日本は移民を受け入れてきませんでした。これまで日本が受け入れてきた外国人は、「高度な専門知識を持つ労働者」のみで、長期で働けるのは原則、医師やＳＥ（システムエンジニア）、教授などに限られました。しかしこれは表向きです。

移民が合法化されていなかったので、**「技能実習生」「留学生」というかたちで実際には大量の移民が入ってきていた**のです。

２０１９年３月、東京福祉大学で１４００人の留学生が所在不明になった問題で、文部科学省と法務省が立ち入り調査を行いました。

いま日本のコンビニで働いている外国人の多くは、こうして留学生として受け入れた人たちです。中には就学ビザが切れて、不法残留となっている留学生もいるようです。留学生は「週に何時間しか働いてはいけません」と決められているのですが、複数のアルバイトを掛け持ちしていてもわかりません。

一方、「技能実習生」とは、日本で働きながら技術を習得してください、農業などの

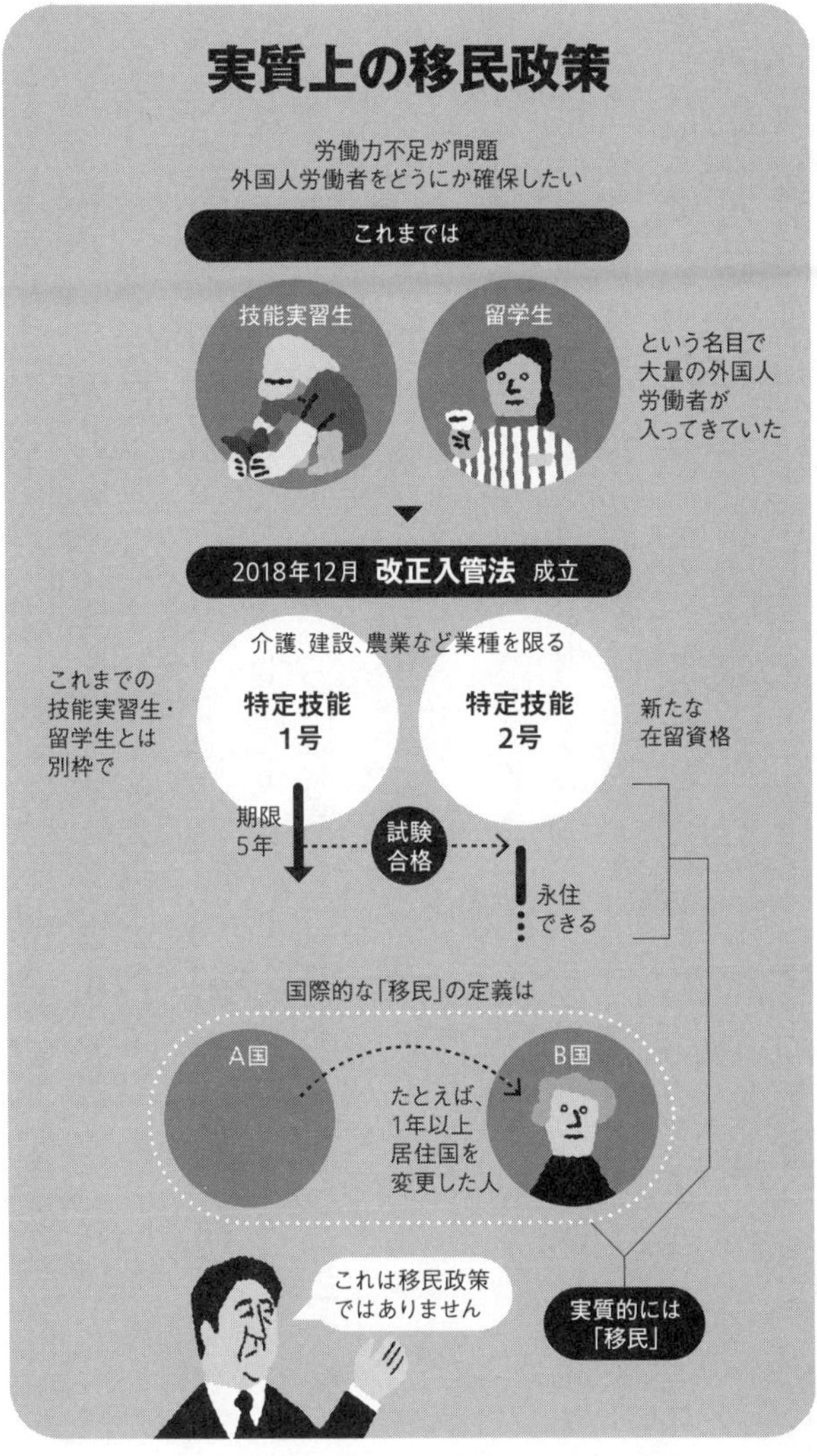
実質上の移民政策
労働力不足が問題
外国人労働者をどうにか確保したい
これまでは
技能実習生
留学生
という名目で
大量の外国人
労働者が
入ってきていた
2018年12月 改正入管法 成立
介護、建設、農業など業種を限る
これまでの
技能実習生・
留学生とは
別枠で
特定技能
1号
特定技能
2号
新たな
在留資格
期限
5年
試験
合格
永住
できる
国際的な「移民」の定義は
A国
B国
たとえば、
1年以上
居住国を
変更した人
これは移民政策
ではありません
実質的には
「移民」

技術を学んで帰って自分の国で技術を役立ててくださいという国際貢献の制度です。

ところが日本に来てみたら、赤字を抱えた零細企業や、地方の農村、漁村で人手不足の穴埋めをさせられる。中にはまともな賃金が払われなかったり、上司に暴力を振るわれたりして失踪《しっそう》する実習生もいて、大きな問題になっています。**制度を悪用して、低賃金で過酷な労働を強いるケースも少なくない**のです。

■2019年4月から「単純労働にも門戸」

今回の改正入管法は、これまでの留学生、技能実習生とは別枠で**「特定技能1号」「特定技能2号」という在留資格を新設**するものです。

介護、建設、農業など、業種を限って「一定の技能があれば5年間は日本に住んでいいですよ」というのが1号。「1号の中から、試験に受かった人は永住を認めます。家族も呼んでいいです」というのが2号です。1号を取得する多くを占めそうなのが従来からの技能実習制度を修了した人たち。3年間の実習経験があれば試験なしで特定技能

1号を取得できます。

安倍首相は「これは移民政策ではありません」と言い張っていますが、**これは実質的に「移民」**です。**国際的な移民の定義は「1年以上居住国を変更した人」**だからです。

安倍政権はこの外国人材を5年で34・5万人受け入れる方針とか。

ただ、日本としても**安すぎる給料や過酷な労働条件を何とかしないと、受け入れを拡大したところで日本は選ばれないかも**しれません。外国人労働者が日本を避けるかもしれないのです。外国人労働者にとって日本は待遇がいい国とは言えません。

たとえば、日本は技能実習生の滞在期間は5年、シンガポールは14年、台湾は12年です。初期費用は日本の場合100万円から300万円かかりますが、大韓民国は平均28万円です。

韓国は、制度改革を行った結果、外国人労働者に大人気の国となっています。韓国語を習得するための語学教室の費用は韓国政府が負担。困ったことがあれば母国語で相談ができる窓口を設置しています。健康診断は無料、退職金（出国満期保険金）が出て、帰国の渡航費も負担してくれるなど、至れり尽くせりです。

一方で、デメリットがないわけではありません。**待遇が魅力で今後、外国人労働者が増えすぎ、韓国人の雇用を奪ってしまう懸念も**あります。

日本も、単純労働を禁じてきた外国人労働者受け入れの方針が、大きく変わる転機となることは間違いないでしょう。

■２つの大学に共通する思惑

２０１８年５月、日本大学のアメリカンフットボール部の選手が、関西学院大学の選手に危険なタックルをした「悪質タックル問題」が話題になりました。内田《うちだ》正人《まさと》監督（当時）が危険タックルを指示した事実は認められないと警視庁は判断。立件はされませんでしたが、対応の悪さが問題視されました。

日本大学の田中《たなか》英壽《ひでとし》理事長は会見を開くことなく謝罪文を掲載したのみ。「何の責任もとらないのか」と批判されました。

東京医科大学でも不祥事が発覚しました。臼井《うすい》正彦《まさひこ》理事長（当時）は私立大学研究ブ

ランディング事業に同大学が選定されるよう文部科学省に便宜を図ってもらう見返りに、文部科学省局長（当時）の息子を裏口入学させたのです。

一見、関係なさそうな2つの大学の不祥事ですが、ある共通点があります。それが「**大学のブランド力アップ**」です。

日本は少子化が進み、子どもの数が減っています。何とか学生を確保したい。だから前述のような外国人留学生をかき集めるような大学も出てくるのですが。

日本大学は「アメフトの強い大学」、東京医科大学は「政府のお墨付きの研究をしている大学」というブランドが欲しかったのです。

日本大学は読売巨人軍のオフィシャルスポンサーになっていました。プロ野球を開催する6球場に「球場看板」を掲出していました。ヒーローインタビューをしている後ろに日大の看板があると、学校名が印象付けられます。しかし、２０１８年5月に契約を解除しています。

■進む教育格差

私も教えている東京工業大学が、2019年度以降（課程によって開始時期は異なる）に入学する学生の授業料を値上げしました。年額53万5800円の授業料を9万9600円（18・6％）値上げし、63万5400円にしたのです。

将来は、日本の大学の授業料が3倍になるという予測もあります。なぜそんなことになるのか。国の補助金が減らされているからです。

一方、ひどいことになっているのはアメリカです。30年前から学生獲得競争が過熱しているアメリカでは、学生を獲得するために教育よりも施設を豪華にしているのです。たとえばアリゾナ大学の学生寮はベランダにバスタブがあり、屋上にはプール完備。ボストン大学の学生寮は26階建てのタワーマンション。ミシガン工科大学はスキー場を所有しており、学生は学割で滑れます。ルイジアナ州立大学は巨大なレクリエーション施設があり、自由に使うことができます。流れるプール、トレーニングジム、ランニングコースにボルダリング施設まで。

しかし、これら最高の環境が逆に学生たちを苦しめています。こうした**施設への投資が続いた結果、授業料が高騰しているの**です。アメリカの大学の授業料は30年前の3倍になっています。年間平均授業料は日本の私立大学で約88万円なのに対し、アメリカは約400万円です。

アメリカでは、大学の学費を親に出してもらうことはありません。年間400万円とか600万円とかの学費を学生ローンでまかないます。私立大学生の75%が学生ローンを利用しているので、卒業生を含む60万人が2000万円以上の借金を抱えているといいます。

家賃が払えずに「ホームレス大学生」になる人も急増しています。地獄を味わうとわかっているのに、彼らはなぜ大学へ行くのか。それは、大学へ進学しなければいい職に就けないからです。**少しでも豊かな生活を送るには、学位が必要**というわけです。

いずれ日本もアメリカのようになるかもしれません。お金がある家の子はいいですが、**貧困家庭では大学へ通えず、ますます格差社会になりかねません。**次の日本を背負う世代をどう育てていくのか考えなくてはなりません。

■20～30年後のノーベル賞受賞者は中国人だらけ？

２０１８年には明るい話題もありました。**ノーベル生理学・医学賞に、京都大学特別教授の本庶佑《ほんじょたすく》さんが選ばれました**。がんの新たな治療に関わる研究が評価されたのです。

本庶さんは、がん細胞と戦う免疫細胞にブレーキがあることを発見しました。がん細胞がそのブレーキを踏み、免疫細胞からの攻撃をかわしていたのです。そういう仕組みがわかったので、ブレーキがかからないように蓋《ふた》をしてしまえば、がん細胞が免疫細胞を止めることができず、活発にがん細胞をやっつけることができる。こうした治療法を発見したことが、新たながん治療薬の開発につながりました。

本庶さんにしてみれば、「がん細胞って、そもそもどういう仕組みになっているのだろう」「免疫細胞は？」と、ひたすら研究を続けていたのです。「どうしたらがんを退治することができるのだろうか」の前にもっと根本のことを考えていたのです。基礎研究というのは、そういうものです。

本庶さんは受賞後、あらためて**欧米に比べて少ない基礎研究への投資の必要性につい**

て訴えました。「自動車とか、IT（情報技術）とか、そういう産業が国を支えていますが、なんといっても生命科学、ライフサイエンスに投資しない国は未来がないと思います」と。

日本人のノーベル賞受賞者は本庶さんで24人目（アメリカ国籍取得者を含むと26人）。日本は今後もノーベル賞の受賞者を輩出し続けることができるのか。

実は本庶さんのノーベル賞の対象となった研究は30年前の研究なのです。日本人が毎年のように受賞をしているのは、30年前、40年前の研究の成果です。日本はそのころ、基礎研究にお金を投資していました。

しかしいま、国立大学法人運営費交付金は1％ずつ減り続けています。2004（平成16）年から1％ずつです。「後は自分で何とかしなさい」ということです。

いま全国の研究者たちが科学研究費の申請書を書くのに追われています。助手も雇わなければいけないし、研究者たちはみんな科研費を取ることに一生懸命で研究をする暇がないのが現状です。申請すれば必ずお金がもらえるわけでもありません。

その一方で、**研究費をどんどん増やしている国があります。中国です。**「研究費を出

しますから来ませんか」と勧誘され、いま日本の研究者が、研究室の人たちと丸ごと中国へ移ったりしています。

この分だと、**20年、30年後のノーベル賞受賞者は中国の研究者ばかりになってしまうのではないか。**

基礎研究は何の役に立つかわかりません。そんなものにお金を出すのはもったいないと思ってしまうのかもしれない。でもアルフレッド・ノーベルが発明したダイナマイトだって、実は偶然の産物です。ニトログリセリンを珪藻土《けいそうど》にしみ込ませたらダイナマイトがたまたまできた。ノーベルは自分が発明したダイナマイトによって莫大なお金を稼いだけれど、戦争に使われてしまったことを悔やんで、遺言を残しました。「自分が死んだ後、人類の進歩に役立った人に自分の財産をもとに賞を上げてほしい」。それがノーベル賞の創設です。

2002年に、宇宙ニュートリノの観測に成功したことでノーベル物理学賞を受賞した小柴昌俊《こしばまさとし》博士も、多くのメディアから「その成果は将来、何かの役に立つのでしょうか」と聞かれ「何の役にも立ちません」ときっぱり答えていました。

しかし、役に立たないと思っていたことが、ある日突然、人類を救うことになるかもしれない。近年、ノーベル賞受賞ラッシュに沸く一方で、このままでは日本の研究者が賞を獲《と》れなくなる時代が来るのではないかという強い懸念の声もあります。

■厚生労働省の統計問題の真相

キャリア官僚を志望する東京大学の学生が減っているそうです。2018年は霞《かすみ》が関《せき》の官僚に厳しい視線が向けられました。**厚生労働省の「毎月勤労統計調査」の不正**には驚きました。

講談社のブルーバックスシリーズの『統計でウソをつく法』という本は「平均」や「相関関係」など、もっともらしい統計の発表があると人は簡単に信じてしまうけれど、実は疑わしいものもあり、**数字を駆使すれば人を騙《だま》すことができる**と注意を喚起しています。

厚生労働省は、労働者の賃金などを調べる統計で勝手に調査対象となる事業所の数を

減らしていたというのです。賃金をめぐって、安倍首相は「アベノミクスの成果により給料が上昇している」と強調していました。

新聞も報じていましたね。「名目賃金で見れば賃上げは中小企業を含め、今世紀で最も高い水準の賃上げ」と。でも、これは統計のミスを隠そうとこっそり正しい算出方法にした修正の成果だったのです。

そもそも２０１８年６月の「現金給与総額」が前年同月比で３・６％増という高い数字になったことが始まりです。毎月勤労統計調査とは何なのか。

これは雇用や賃金、労働時間などの変動を把握するための調査で、従業員５００人以上の事業所についてはすべて調べるルールになっています。５００人未満の事業所は抽出調査です。これは実に大事な「基幹統計」調査といって、断ることはできません。事業所は必ず協力しなければならないのです。

５００人以上の事業所は全国に約５０００あります。東京都内には約１４００。この１４００について、東京都を通じて調べなければならないのに、厚生労働省は２００４年から約３分の１だけを抽出して調べて、全事業所を調べたように装っていたのです。

500人以上の事業所ということは、いわゆる大企業です。中小企業よりも給料が高いところが多いでしょう。そうしたところを3分の2除外したとなると、**本来はもっと給料が高い会社も含めて平均を出さなければならないのにむしろ低く出てしまった**。

たとえば、東京の1400社の平均給与が仮に月40万円で東京以外の3600社が30万円としましょう。〔(40万円×1400社)+(30万円×3600社)〕÷5000=32万8000円。

一方、都内を3分の1だけにしたら、仮に1400社の3分の1を500社として計算すると〔(40万円×500社)+(30万円×3600社)〕÷4100=約31万2000円。つまり約1万6000円少なく出てしまいます。

低く出ると何が問題か。それに基づいて計算される**雇用保険(=失業保険)が、本来支払う額よりも少なく出てしまいます**。あるいは、ケガをしたり亡くなったりしたときに出る労災保険の金額も少なく支払われていました。

のべ約2000万人が本来もらえる額より少ない額が支給されていて、その総額は約538億円にのぼります。

2007年5月に発覚した「消えた年金」騒動で、第1次安倍内閣は大打撃を受けています。このままではいけない、一刻も早く事態を収拾しようということになったのでしょう。厚生労働省の特別監察委員会が報告書をまとめて発表。「組織的隠蔽《いんぺい》はなかった」と発表しました。

ところがこの特別監察委員会は、外部の有識者が入った第三者委員会と言っていたのに、実態は違っていたのです。外部の有識者が同省部局長級、課長級職員から聴取した人数は12人。特別監察委員会の前身の監察チームによる聴取も含めた対象37人のうち、同省職員のみでの聴取は25人にのぼりました。身内が調べたものが果たして公正なのか。なるべく穏便に済ませたいと思っている人が調べて「組織的隠蔽がありました」などという報告になるわけがありません。これは前代未聞の不祥事です。

今後は、未払いの人を見つけ、一人ひとりに追加の支給をするのですが、そのためには当然、莫大な時間と費用がかかります。

■中国の統計をバカにできない日本

毎月勤労統計調査の間違いの結果、給与水準の数字はずっと低いままに抑えられていました。２０１８年6月に突然ポンと数字が跳ね上がったので「おかしい」と思った専門家が調べた結果、今回の不正が発覚したのです。

つまり専門家は、「名目賃金の伸び率が前年同月比3・6％増。21年5カ月ぶりの高い伸び率」というところに、あれ？　と疑問を持ったわけです。厚生労働省がこれは間違いだと気づいてこっそり修正したことで名目賃金が上昇しました。

この調査を基に政府が「賃金が上がったのはアベノミクスの成果」と強調したので、アベノミクス偽装などと言われました。給与水準は前から高かったのです。

考えてみれば、統計は正しい数字で当たり前と思われてきました。だからそれほど重視もされていませんでした。なるべく人員を削減しようと、統計を扱っている部署の人がどんどん減らされたという背景があります。

とはいえ、**統計とは、国の状態を客観的に知るためのもの**であり、**国がさまざまな政**

策をつくる根拠となるものです。安倍政権は「景気が良くなってきているから消費税率を上げても問題ない」と言っていたのに、そもそも間違ったデータを基に消費税率を上げられては、国民はたまったものではありません。

加えて「中国のＧＤＰ（国内総生産）なんて信用できない」、「中国の経済統計はデタラメ」などと、もう日本は中国をバカにできなくなりました。今回、**政府統計で不正が見つかったことで、日本が信用できない国になったと思われても仕方がありません。**

■ついに消費税率10％へ

２０１９年10月から消費税率が10％に引き上げられる予定です。消費税率を10％に引き上げるにあたっては、**併せて軽減税率を導入**することが決まっています。

軽減税率とは、消費するものを「生活必需品」と「ぜいたく品」に分け、**生活必需品に関しては、標準税率よりも低い税率を設定**しようというもの。

なぜなら、消費税は所得が多い少ないにかかわらず、すべての人にかかるからです。

すると、低所得者層ほど家計に占める生活必需品の割合が高くなってしまうので（逆進性といいます）、これを緩和しようというわけです。

つまり今回10％に引き上げられても、これまでどおり8％に据え置かれるものが混在するのです。この区別がまるでクイズのようです。

たとえばコンビニで食品を買う場合。最近のコンビニは「イートイン」といって店の片隅にテーブルと椅子が置いてあり、そこで食べられるようになっています。「ここで食べます」と言ってパンやおにぎりを買うと、税率は10％です。「外食」＝「ぜいたく」とみなされるからです。ところが「持って帰ります」と言って買うと、税率は8％。食料品は軽減税率の対象だからです。

コンビニ弁当を持ち帰れば8％、イートインなら10％。

また細かく見ていくと不思議なことも起きます。寿司《すし》を店で食べれば10％なのに、出前なら8％。**首をかしげる「一物二価」です。**

さらに今回、ややこしいのは、政府が軽減税率導入に合わせて中小の事業者対策として**「ポイント還元」を導入**したことです。

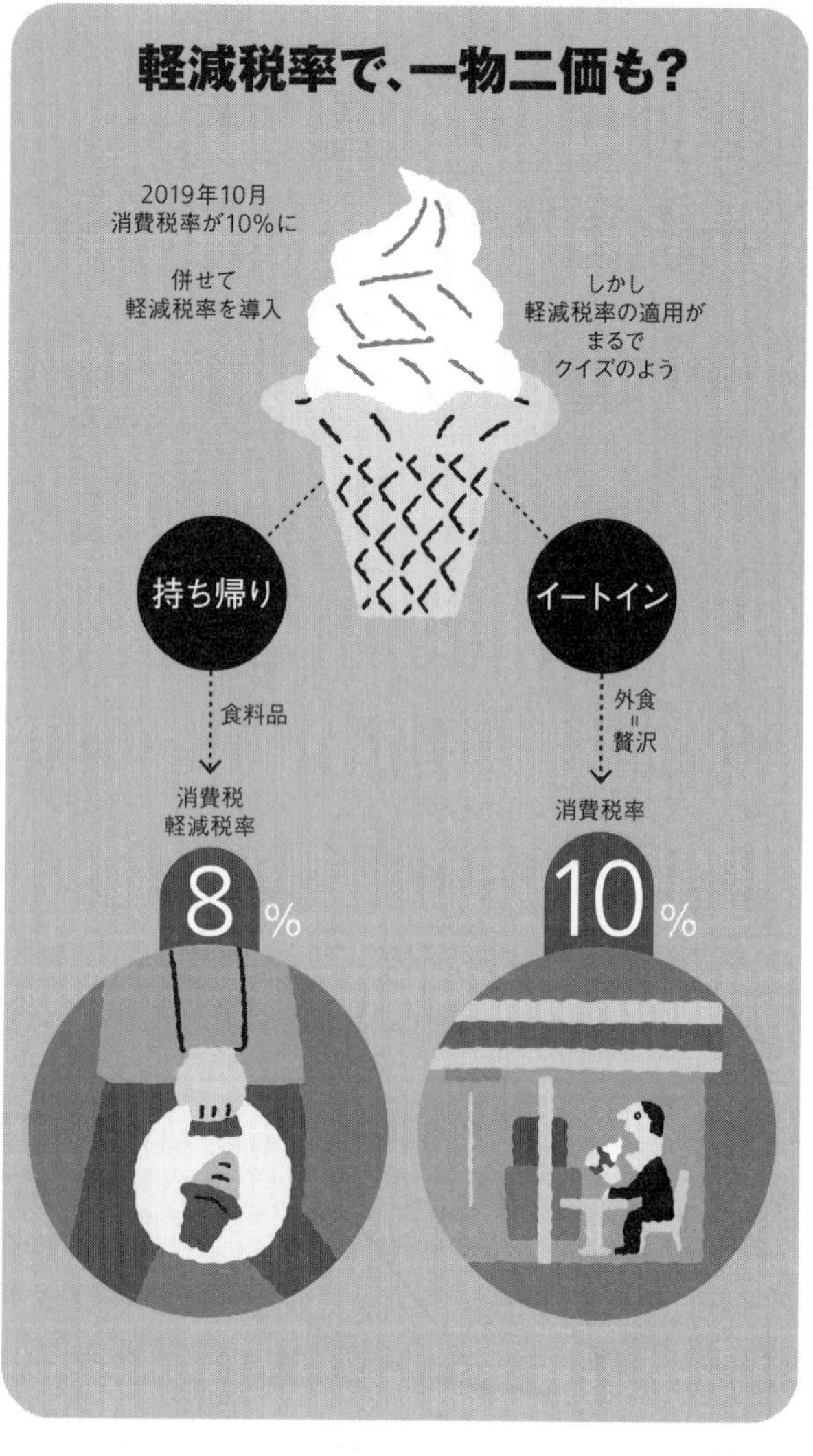

軽減税率で、一物二価も?
2019年10月
消費税率が10%に
併せて
軽減税率を導入
しかし
軽減税率の適用が
まるで
クイズのよう
持ち帰り
イートイン
食料品
外食
=
贅沢
消費税
軽減税率
8%
消費税率
10%

これは、クレジットカードや電子マネー、QRコードを利用して**「キャッシュレス」で買い物をした場合、増税幅と同じ2%分などのポイント（一般の中小・小規模事業者＝5%、フランチャイズ等＝2%）がもらえる**というものです。次回以降、このポイントを使って買い物ができます。

対象は飲食料品に限らないため、高額の買い物をすれば、それだけポイントが貯まっていきます。これでは「金持ち優遇」です。

軽減税率は複雑怪奇です。欧州の各国では、軽減税率は撤廃縮小の動きとなっているのに、これから導入するとは、「日本は周回遅れ」と言う反対派も少なくないようです。

■新紙幣発行の裏に財務省vs.経産省の暗闘

新元号に続き、新紙幣が発行されるという発表がありました。一万円札が渋沢栄一《しぶさわえいいち》、五千円札が津田梅子《つだうめこ》、千円札が北里柴三郎《きたざとしばさぶろう》です。

ここに矛盾を感じませんか。いま安倍政権はキャッシュレス社会を目指すと言ってい

ます。これを推進しているのは、経済産業省です。ちなみに安倍政権の周りは経済産業省がガッチリ固めています。

一方で、2019年10月から消費税率が10％になります。こちらは財務省が推進しています。財政のことを考えたら、消費税率を上げていかなければいけません。

経済産業省はおもしろくありません。増税すると、消費が落ち込んで景気が悪化するじゃないか、と。なにしろ、消費喚起のために「プレミアムフライデー」をつくったのは経済産業省ですから。

そこで経産省が消費増税に合わせて導入したのが、先に述べたポイント還元制度です。ここには財務省は一切関与していません。

さて、その後ポイント還元には問題があることが発覚しました。悪いことを考える人間は必ずいるものです。たとえばA社とB社という2つの会社をつくって、その間で物の売買をする。いろんなものを売買するたびにポイントがつく。商品がA社とB社とで行ったり来たりするたびにポイントがどんどんたまり、儲かってしまう。そういう穴があることがわかったのです。経済産業省はそこまで考えが及ばなかったようですね。そ

こには財務省が気づきました。そして「こんな問題点がある」とメディアに報道させたのです。財務省としては、キャッシュレス社会の推進や消費税増税に伴うポイント還元に非常に不満を持っています。

そこで新紙幣です。キャッシュレス社会を進めたら、いまのお金はなくなる方向です。お札がちょっとくらい古くなったっていいはずなのに、コストをかけて新しいお札にするという。財務省は、国立印刷局にお札をつくるプロ集団を抱えています。造幣技術が伝承されなくなるのを避けたい。定期的に最新の偽札防止技術を入れて新しいお札をつくりたいという思いがあるのです。

経済産業省が、「世の中からお金を失くしましょう」と旗を振っているのに、財務省が「元号も変わることだし、新紙幣をつくろう」と対抗する。

新しいお札はデザインもおしゃれだし、さまざまな偽造防止の仕掛けがされています。手に取りたくなりますよね。結局、キャッシュレス社会に逆行することになりかねません。**財務省と経済産業省は、こんなふうに方針が違って火花を散らしている**のです。そんなことも知ってニュースを見ると、また違った角度から世の中が見えてきます。

エピローグ　民主主義とは何か

■独裁国家の強み

私は現在、立教大学でニュースを切り口に国際情勢を読み解く講義をしています。「背景にあるものは何か」。**自分の頭で読み解く力を鍛えることが、自らの人生を切り開くたくましさにつながる**と考えているからです。

世界は日々、動いています。小さなニュース、大きなニュースがある中で、やはり転機になるようなビッグニュースといえば、「**米中新冷戦**」でしょう。マイク・ペンス演説はアメリカの対中戦略の転換を示すものです。アメリカは中華人民共和国が経済発展すれば、民主主義になると信じていたのに、思いどおりにはならなかった。

東西冷戦は、イデオロギーの対立でした。アメリカは自由と民主主義を「正義」とし、中国へも民主主義を輸出しようとしたのです。しかし**中国は、統制経済のまま急速な発展を遂げ、アメリカの覇権をも脅かす存在に**なりました。

独裁国家は意思決定の速さが強みです。発展途上国が経済成長をするうえでは、実に効率的なのです。モデルケースは過去にもあります。

インドネシアの「9月30日事件」（1965年）をご存じでしょうか。インドネシア共産党の武力革命を事前に潰《つぶ》そうとして、軍部により中国系住民50万人が虐殺された事件です。スカルノからスハルトへと最高権力者が交代すると、国民の民主的な自由を制限し、圧倒的な独裁の力で経済成長を遂げました。この事件がインドネシアにとっての一大転機となりました。

独裁といえば大韓民国の朴正熙《パクチョンヒ》元大統領もそうです。日本からの支援金を国民に還元せず、インフラに投資することで**「漢江《ハンガン》の奇跡」といわれるほどの経済発展を成し遂げました。**

トップが有能な場合はうまくいくのですね。開発独裁をやればどの国も成功するかというとそうではありません。世襲による独裁の国・北朝鮮（朝鮮民主主義人民共和国）の国民は悲惨な状態ですし、ロバート・ムガベ大統領の独裁政権が長年続いたジンバブエも大失敗、ウゴ・チャベスから独裁政権を引き継いだニコラス・マドゥロ大統領率いるベネズエラも大失敗です。

■アメリカは民主主義の押し付けに失敗

日本は戦前、ファシズムに似た政策を推し進めていきました。第2次世界大戦に敗れた後、日本を統治したのはアメリカのダグラス・マッカーサー連合国軍最高司令官です。アメリカは日本と戦争をしている最中に、いずれ日本を占領することになったときどう統治するべきかを研究していました。日本の天皇制をどうするか。連合国の中には、「戦犯として処刑すべき」との声もある中、マッカーサーは天皇を処刑すると統治機構が崩壊し、国民の反乱が避けられないと判断しました。そこで**天皇はそのままに、その上にGHQ（連合国軍総司令部）を置いた**のです。これにより、アメリカによる戦後の日本統治はうまくいきました。

この歴史に学ばなかったのが、アメリカのジョージ・W・ブッシュ（息子のブッシュ）です。彼は大学時代、中途半端に日本の歴史を学んでいました。どうやら惨憺《さんたん》たる成績だったようですが……。

2003年、イラクを攻撃するとき、彼は「日本やドイツを見ろ」と言いました。

「かつて日本もドイツもファシズム政権だったけれど、アメリカに負けたら民主化されたじゃないか。イラクを攻撃して、サダム・フセイン政権を倒せば民主化するんだ」という理屈でした。最初は大量破壊兵器を持っていると言って攻撃したのですが、攻撃してみたら大量破壊兵器がなかったので、「イラクを民主化するんだ」と言い出しました。

確かに、第2次世界大戦後、日本もドイツも民主化したのはそのとおりです。しかし、ドイツには選挙で代表を選ぶという経験がありました。第2次世界大戦前のドイツのワイマール憲法は、当時は世界で最も民主的といわれていました。それなのに選挙でアドルフ・ヒトラーを選んでしまうというパラドックスはありましたが、選挙でトップを選ぶ長い歴史がありました。

日本にも、「大正デモクラシー」がありました。さらにもっと遡《さかのぼ》れば、明治時代には自由民権運動がありました。そして、自分たちで憲法をつくらないといけないと、不十分ではありますが明治憲法ができました。

残念ながら、イラクは民主主義の経験がまったくありませんでした。いつの時代も、王様がいるか、あるいは独裁者がいるかのどちらかだったのです。

自分たちで代表を選んで統治しようという発想がまったくないところで「さあ、民主化だ」と押し付けられてもできるわけがない。結果、大混乱となってしまいました。

■民主主義のパラドックス

民主主義とは何か、という話になります。**民主主義は万能ではありません**。欠陥だらけです。

イギリスの元首相ウィンストン・チャーチルの名言があります。「民主主義は最悪の政治といえる。これまで試みられてきた、民主主義以外のすべての政治体制を除けばだが」。でもこれは**逆説的に「民主主義こそが最良の政治」**と言っているのです。

民主主義のもと、とんでもない人がリーダーになることだってある。間違った選択をしてしまうこともある。いまのように1党独裁の中国が発展し、アラブの春で独裁政権を倒した国々が混乱しているのを見ると、「民主主義はすばらしい」とは残念ながら言えないでしょう。でも、チャーチルが言うように、「民主主義が大事」と言っていかな

ければならないだろうし、そのためのモデルケースを作っていく必要があると思います。

■アラブ世界が民主化に失敗したワケ

アラブの春で、エジプトのムハンマド・ホスニ・ムバラクによる長期独裁政権が倒れたとき、当時、アメリカの国務長官だったヒラリー・クリントンがエジプトを訪れました。カイロに集まった学生たちと対話集会を開き、「あなたたちの民主化運動によって独裁政権が倒れた。さあこれからはあなたたちが国をつくっていかないと、また独裁政権に戻ってしまうわよ」と発破をかけると、学生たちはみんなキョトンとしていたといいます。

つまり、「独裁政権は倒した。今度は誰かが来て、新しい政治をやってくれるんじゃないか」。**エジプトの学生たちはみんな〝待ち〟の姿勢だった**というのです。

ヒラリーは「誰も理解してくれなかった。エジプトの将来に大きな危機感を抱いた」と、2015年に出版した自身の本『困難な選択』の中に書いています。

彼女の悪い予感は当たってしまいました。エジプトは軍事政権に戻ったのです。

エジプトはそもそも民主主義の経験、実績、体験がありませんでした。中東のアラブ世界においては、選挙で代表を選び、うまくいかなかったら次の選挙でひっくり返すという仕組みを理解していない人がほとんどです。そんな中で、アメリカ的な民主主義を導入すると混乱するばかりです。

さらに言えば、ヨーロッパの国々だっていまでこそ民主主義ですが、昔はそうではなかったのです。**さまざまな問題の中から市民革命が起き、何百年もかけて民主主義を築いてきました。**民主化というのは、短期間で一気にやろうと思っても無理なのだという、ある種〝冷淡〟な見方も、どこかで求められているのではないかと思います。

■「選挙に行かないと罰金」は無意味?

結局は、**民主主義は上から押し付けられてもダメ**なのです。一人ひとりが「本当に民主主義が大事なのだ」と理解して、はじめて民主化が成功するのでしょう。

民主主義を実現するには、まずは選挙に行くことが大事です。何とか行かせようと、投票所へ行くことを有権者に義務付け、行かないと罰金を取る国があります。

義務投票制を採用しているのは、オーストラリアやブラジルなどです。

ブラジルは非常に投票率が高いのです。ところが、ブラジルへ取材に行って「選挙で誰に投票したのですか?」と聞くと、かなりの人が覚えていませんでした。つまり罰則をつくると仕方がないから行くだけで、何も考えないで投票する人が多い。単に投票率を上げればいいというものでもないのです。

日本の場合は18歳になると選挙管理委員会から投票所入場券が送られてきます。当たり前のことのようですが、アメリカは違います。アメリカの場合は、**有権者登録をしなければ選挙に行って投票できません。自ら積極的に政治に関わろうという人によって成り立つという考え方、これが大事です。**

義務化することによって投票率を上げても何の意味もない。むしろ積極的に参加しようというかたちにする、上から与えられるのではなく、自ら勝ち取ろうとする、それが民主主義なのだと思います。

■民主主義とは何か

民主主義を学ぶには、良い本があります。『民主主義』（文部省・著／角川ソフィア文庫）です。

実はこれ、かつて文部省（現在の文部科学省）がつくった**民主主義の教科書**。教科書といえば、教科書会社がつくり、文部科学省が検定を行い、合格すれば学校現場で使われることになっていますが、この本はなんと文部省自らがつくった本なのです。

1948年から1953年まで、中学校と高校で使われていました。戦争に負けて間もないころです。日本は軍国主義の社会から民主主義国家へと脱皮しようとしていましたから、「民主主義を知ろう」と、こんな教科書をつくったのです。

いまになってこれを読むと、「そうか、民主主義とは、そもそもこういうものだったのか」と、あらためて考えさせられる内容となっています。

当時としては画期的で、いまでも高く評価されているとあって、その復刻版が出たというわけです。

私が思わず「そうか」と唸《うな》った箇所を紹介しましょう。

「民主主義を単なる政治のやり方だと思うのは、まちがいである。民主主義の根本は、もっと深いところにある。それは、みんなの心の中にある。すべての人間を個人として尊厳な価値を持つものとして取り扱おうとする心、それが民主主義の根本精神である」（P3）

「民主国家では、かならず言論・出版の自由を保障している。それによって国民は政府の政策を批判し、不正に対しては堂々と抗議することができる。その自由があるかぎり、政治上の不満が直接行動となって爆発する危険はない。政府が、危険と思う思想を抑圧すると、その思想はかならず地下にもぐってだんだんと不満や反抗の気持をつのらせ、ついには社会的・政治的不安を招くようになる。政府は国民の世論によって政治をしなければならないのに、その世論を政府が思うように動かそうとするようでは民主主義の精神は踏みにじられてしまう」（P141）

「要するに、有権者のひとりひとりが賢明にならなければ、民主主義はうまくゆかない。国民が賢明で、ものごとを科学的に考えるようになれば、うその宣伝はたちまち見破ら

れてしまうから、だれも無責任なことを言いふらすことはできなくなる。高い知性と、真実を愛する心と、発見された真実を守ろうとする意志と、正しい方針を責任をもって貫ぬく実行力と、そういう人々の間のお互の尊敬と協力と――りっぱな民主国家を建設する原動力はそこにある。そこにだけあって、それ以外にはない」（P147）

やはり、〝**ひとりひとりが賢明にならなければ、民主主義はうまくゆかない**〟のです。

私は日ごろテレビで解説をしたり、新聞や雑誌でコラムを書いたりしています。人々が判断する際に、役立つ情報を伝えたいと考えています。**いわば民主主義を育《はぐく》むお手伝いをしているつもりなのです。**民主主義は国民自らが追い求めることで初めて根付くものだからです。いま、世界で民主主義が試練に立たされています。

残念ながら日本は、世界的に見て民主主義のレベルが「低い」とされているのです。2011年の東日本大震災の後、東京電力福島第一原子力発電所事故についての情報がなかなかオープンにならなかったり、特定秘密保護法が施行されたり、フリーランスのジャーナリストや外国人記者の活動が制限されたりしていることなどが要因です。**日本の民主主義が試されている。この状況を変えられるのは、私たち国民一人ひとりです。**

おわりに

日本は元号が令和に変わり、ある種のお祭り気分が横溢《おういつ》しましたが、世界は大きく動いています。まさに転機を迎えています。とりわけ米中貿易戦争は、世界経済に大きな影響を与えています。GDP世界1位と2位の国が争っているのですから、3位の日本にも火の粉が飛んできています。

互いに関税をかけあうことの愚をドナルド・トランプ大統領がどこまで理解しているのか、はなはだ疑問なのですが、中国に対して強硬な姿勢を取っていること自体は、アメリカ国内で超党派の支持を得ています。それだけ中国の躍進・進出に危機感を抱いている人たちが多いのです。

一方で北朝鮮との関係は交渉が行き詰まっています。そうなれば、金正恩委員長を罵《ば》倒《とう》する〝トランプ節〟が炸裂《さくれつ》してもおかしくないところですが、正面切っての批判は控えています。北朝鮮が弾道ミサイルを発射したにもかかわらず、当初は「飛翔体《ひしょうたい》」という表現をして、北朝鮮が国連決議に違反していることをウヤムヤにしようとしました。

トランプ大統領は、北朝鮮との交渉で核実験やミサイル発射実験を中断させたことを自分の功績として喧伝《けんでん》していましたから、北朝鮮に裏切られたことを認めようとしないのです。

さらにトランプ大統領は、イランに対する経済制裁を強化し、空母や迎撃ミサイル艦をイラン近海に送り込んでいます。イランを軍事的に追い詰め、もしイランが暴発したら、それをきっかけにして攻撃することまで考えているように見えます。トランプ政権には、政権入りする前から「イランを攻撃しろ」と主張してきたジョン・ボルトン国家安全保障問題担当大統領補佐官がいます。ボルトンは、ジョージ・W・ブッシュ（息子）政権時代にイラク攻撃をけしかけた人物です。イラクの次はイラン……ということになりかねない危機感が中東を覆っています。

日本を取り巻く国際情勢を理解するために、その前段となる基礎知識を提供しようと始まった本シリーズは、遂《つい》に10冊目となりました。成田空港や羽田空港の書店には、いつもこのシリーズが並び、飛行機の中や海外の空港で読んでくださっている人の姿をよ

く見ます。支持してくださった読者に感謝です。転機に立つ国際社会の理解に役立てば幸いです。

前著に続き、株式会社ＫＡＤＯＫＡＷＡ編集者の辻森康人さんと八村晃代さんにお世話になりました。

２０１９年５月

ジャーナリスト・名城大学教授　池上《いけがみ》　彰《あきら》

参考文献案内

プロローグ

▽『新版　万葉集　一　現代語訳付き』伊藤博・訳注（角川ソフィア文庫）
▽『戦史（上・中・下）』トゥーキュディデース／久保正彰・訳（岩波文庫）

第1章

▽『炎と怒り――トランプ政権の内幕』マイケル・ウォルフ／関根光宏、藤田美菜子・訳（早川書房）
▽『FEAR 恐怖の男 トランプ政権の真実』ボブ・ウッドワード／伏見威蕃・訳（日本経済新聞出版社）
▽『ヒラリー・クリントンの言葉』ライザ・ロガック・編／池上彰・監訳／高橋璃子・訳（かんき出版）
▽『暴露：スノーデンが私に託したファイル』グレン・グリーンウォルド／田口俊樹、

濱野大道、武藤陽生・訳（新潮社）

第2章
▽『欧州複合危機－苦悶するEU、揺れる世界』遠藤乾（中公新書）
▽『巨大「実験国家」EUは生き残れるのか？：縮みゆく国々が仕掛ける制度イノベーション』国末憲人（草思社）
▽『ユーロ――危機の中の統一通貨』田中素香（岩波新書）

第3章
▽『中東和平への道』臼杵陽（山川出版社）
▽『イスラエルとパレスチナ―和平への接点をさぐる』立山良司（中公新書）
▽『中東現代史』藤村信（岩波新書）

第4章
▽『China2049』マイケル・ピルズベリー／野中香方子・訳（日経BP社）
▽『一九八四年［新訳版］』ジョージ・オーウェル／高橋和久・訳（ハヤカワepi文庫）

第5章
▽『オリジン（上・中・下）』ダン・ブラウン／越前敏弥・訳（角川文庫）
▽『AI vs. 教科書が読めない子どもたち』新井紀子（東洋経済新報社）

第6章
▽『統計でウソをつく法―数式を使わない統計学入門』ダレル・ハフ／高木秀玄・訳（ブルーバックス／講談社）

エピローグ

▽『困難な選択（上）（下）』ヒラリー・ロダム・クリントン／日本経済新聞社・訳（日本経済新聞社）

▽『民主主義』文部省（角川ソフィア文庫）

■私が得る1次情報は新聞

私は2005年にNHKを退職しました。NHKに勤めていた当時は新聞2紙をとっていただけでした。会社へ行くとほとんど全部の新聞が読めるからです。しかし、辞《や》めるとそうもいきません。そこで真っ先にやったのが郵便受けの改造です。多くの新聞が入るように郵便受けを大きくしたのですが、それでも入りきらない。

私の情報源は、毎朝届くこの新聞たちです。現在、自宅に届く全国紙6紙（小学生新聞含む）と、郵便で送られてくる地方紙6紙、駅売りで買う2紙、そして電子版の1紙、合計15紙に目を通しています。新聞の情報をきっかけにインターネットで検索したり、

情報源の人に電話をして「これはどういうこと？」と聞いたりしています。

気になる新聞記事があれば、躊躇《ちゅうちょ》せずその場でビリッ。読んでいく中で、さらに知識を深めたいと思えばリアル書店で専門書を買って読む。日々の新聞は「フロー」の情報です。流れていくフローの情報をきっかけに、自分で深く勉強するとそれが「ストック」になるのです。

余談ですが、番組でよくいっしょになった芸人の土田《つちだ》晃之《てるゆき》さんは実によく私の解説した内容を覚えているのです。なぜかと思ったら、番組の収録が終わったら、仲間の芸人を前に「これ知ってる？」と解説するのだそうです。そう、アウトプットが大事なのです。アウトプットを意識するとインプットの質が高まります。知識の定着の程度も違ってきます。本書に出てきた参考文献などをまとめてみました。本書の内容をもっと深く知りたい方は、こちらにもあたってみて、その知識をぜひ深めてください。

池上　彰（いけがみ・あきら）
1950年生まれ。ジャーナリスト、名城大学教授、東京工業大学特命教授、東京大学客員教授、愛知学院大学特任教授。立教大学、信州大学、日本大学、関西学院大学、順天堂大学でも講義を担当。慶應義塾大学卒業後、73年にNHK入局。94年から11年間、「週刊こどもニュース」のお父さん役として活躍。2005年に独立。いまさら聞けないニュースの基本と本質をズバリ解説。大ヒットとなった角川新書「知らないと恥をかく世界の大問題」シリーズ、『池上彰の世界から見る平成史』、角川文庫『池上彰の「経済学」講義（歴史編・ニュース編）』、単行本『池上彰が読む「イスラム」世界』、『池上彰とホセ・ムヒカが語り合った　ほんとうの豊かさって何ですか？』、『池上彰とメ～テレが真剣に考える　南海トラフ巨大地震から命を守れ！』、『池上彰の戦争を考える』、『生！　池上彰×山里亮太　深読みニュース道場』（いずれもKADOKAWA）など著書多数。

知《し》らないと恥《はじ》をかく世界《せかい》の大問題《だいもんだい》10
転機《てんき》を迎《むか》える世界《せかい》と日本《にほん》

池上《いけがみ》　彰《あきら》

2019年 6 月 10 日　初版発行

発行者　郡司 聡
発　行　株式会社KADOKAWA
〒102-8177　東京都千代田区富士見 2-13-3
電話　0570-002-301（ナビダイヤル）

装 丁 者　緒方修一（ラーフイン・ワークショップ）
ロゴデザイン　good design company
印 刷 所　株式会社暁印刷
製 本 所　株式会社ビルディング・ブックセンター

角川新書

ISBN978-4-04-082280-8 C0295

KADOK

日本の当たり前に
は熱狂するのか

茂木健一郎

こんまり現象、アニメから高校野球まで、止まるところを知らない日本ブーム。「村化する世界」で時代後れだと思われていた日本人の感性が求められている、と著者はいう。「礼賛」でも「自虐」でもない、等身大の新たな日本論。

学ものしり帖

池田清彦

生命、生物、進化、遺伝、病気、昆虫――構造主義生物学の視点で研究の最前線を見渡してきた著者が、暮らしの身近な話題から人類全体の壮大なテーマまでを闊達に語る。肩ひじ張らない読めばちょっと「ものしり」になれるオモシロ講義。

憲法改正論

佐高　信

宮澤喜一、後藤田正晴、野中広務。異色官僚佐橋滋。澤地久枝、井上ひさし、城山三郎、宮崎駿、三國連太郎、美輪明宏、吉永小百合、中村哲。彼らがどう生き、憲法を護りたいのか。著者だからこそ知り得たエピソードとともにその思いに迫る。

未来を生きるスキル

鈴木謙介

「社会の変化は感じるが、じゃあどう対応したらいいのか？」どうしようもない不安や不遇感に苛まれている人たちへ。本書は今、伝える「希望論」であり、どのように未来に向かえばいいのかを示す1冊である。

ゲームの企画書①
どんな子供でも遊べなければならない

電ファミニコゲーマー編集部

歴史にその名を残す名作ゲームのクリエイター達に聞く開発秘話。ヒット企画の発想と創意工夫、そして時代を超える普遍性。彼らの目線や考え方を通しながら「ヒットする企画」を考える。大人気シリーズ第1弾。